グローバルスタンダードにもとづく
ソーシャルワーク・プラクティス
価値と理論

北島英治
［著］

ミネルヴァ書房

まえがき

　本書の特徴として，2つの視点が挙げられる。"最初に，「人々」を考えよう！"("People, First!")と，"グローバルスタンダード"(Global Standard)である。この2つの視点に沿って"グローバルスタンダード・ソーシャルワーク"(Global Standard Social Work)について議論をすすめる。

最初に，「人々」を考えよう！
　現代のソーシャルワークの世界において，"最初に，「人々」を考えよう！"，"最初に，「人／人間（A Person/Human-being)」を見よう！"と言われるようになってきている。たとえば，医療の世界では「認知症"患者"」と，福祉の世界では「障害"者"」と，介護の世界では，「要介護"者"」と呼ばれる。これら呼称は，"認知症"，"障害"，"要介護"が先にきて，"者（人）"が後になっている。そうではなくて，先に，その"人（者）"や"人々（者）"を見ていこう，というのである。たしかに最初に，その人は"なんの病気なのか"，"どのような障害を抱えているか"を診断し，"日常動作として何ができないか"を判断（アセスメント）することは重要であり，その専門家を必要とする。そして，医療の専門家は病気を治療することを望み，リハビリに関わる専門家は，からだの障害や機能の回復を求め，介護の専門家は日常生活が送れるよう支援する。その一方で，専門職（プロフェッショナル）として，その"人"や"人々"を先に見て，"その人のままを"，"その人のままに"，あるいは，最善がつくされても，"その人の病気は重くなり，からだは衰え，そして亡くなる"ことになるかもしれないが，"その人のままを"，"その人のままに"，"その人でありつづけられるよう（人間の尊厳／

人権)"，また，"その人々，その人のために"社会の中に整備できる（社会正義）ことを考え，専門実践（ソーシャルワーク・プラクティス）を行う，その共通基盤と，それを原則とする専門職（ソーシャルワーカー）であろうというのである。

グローバルスタンダード・ソーシャルワーク

本書は，専門職（professional service/practice）としてのソーシャルワークを，"グローバルスタンダード"として見ていく。この"グローバル"ということばには，大きく2つのとらえ方がある。一般的に，地理的大きさとしての"地球的"，"国際的"という意味があり，その地理的広さとしての"地球的（global）"，"国際的（inter-national）"な考え方や視点がある。地理的広がりとしての「一つの国の社会福祉，一つの国のソーシャルワーク」を考えることもできる。また，一つの国の制度，その国民の福祉を対象としたソーシャルワークを考えることができる。その「国民」というとき，日本語では，「国」が先にきて，「民（者／人）」が後にくる。英語では'the people'と表現する。"その国の人々"という意味で，"people"の前に"the"を付けて表現する。「国民」という概念は，地理的広がりをもった「国土（国境）」とその国民からなり，その主権（sovereignty）が，一人の「君主」ではなく，国民にあるとする「国民（主権）国家」という概念とともに，歴史的には新しいものである。一般の"人々"（people）が，"ある「国」（a nation）の「国民」（the people）である"という意識（nationality/nationalism）をもつようになるのは，歴史的にはもっと新しい。

繰り返しになるが，本書では，"グローバル"を，地理的広さとしての「世界／国際」（world/international），あるいは，地理的により狭い「国／地域（national/local）」ということではなく，もう一つのとらえ方をする。前述したように，"認知症"，"障害"，"要介護"の前に，"者（人）"を先に見ていくのと同じように，"人"，"人々"，つまり，その"the"をつけない，

まえがき

"People, First !"で,ソーシャルワークを考えていこうというのである。この「世(界)」に「命」を得て,その生を受けたすべての「人」「人々」が本来の自分の内なる「人間」に立ち返り,その人間としての「存在」(Being),そして,そのすべての"「(人間)存在」が尊重され(人間の尊厳／人権〔Human Dignity/Human Rights〕)",この「世(界)」の中のすべての人々からなる"「社会」の正義"(Social Justice)の実現を目指し,すべての「(人間)存在」が良きもの(Well-being)であることを使命とする専門職としての共通基盤(common base)と,それを原則・価値(principle/values)とする"グローバルスタンダードに基づくソーシャルワーカー"を考えていこうというのである。これを"グローバルスタンダード・ソーシャルワーク"(Global Standard Social Work)という(ちなみに,地理的広がりを対象とするソーシャルワークを"国際ソーシャルワーク"〔International Social Work〕という)。

英語と邦訳の並記

グローバルスタンダード・ソーシャルワークについて,多くの国と地域を越えて,また文化,人種等の多様な人々によって実践(practice)され,議論され,研究されてきている。すでに,その知識と資料が蓄積されてきた。その知識と資料の多くは,英語で語られ,書かれ,表現されている。その抽象的なものに関する概念や知識は,英語で表現されている。たとえば,ソーシャルワークの定義において用いられているものとして,"marginalized people""vulnerable people"を"社会の周辺に追いやられている人々""社会的に脆弱な人々",あるいは,"indigenous knowledge""地域・民族固有の知"と,邦訳することにした。

"障害者"(disables)に関する知識について,その人を,"何が,どれだけできない人であるか"という視点から研究する「障害学」がある。他方,まず,その"人"を先に見て,"その人としてそのままにあり,その人としてできること",そして,"その人であり,その人として行動できるために,そ

の社会に何が必要であり，何を整備できるか"を考え，その人"を見ていく視点から，その方法と知識を体系化するために表現する言葉として，"できる"（able）を先にもってきた言葉としての"ablism"つまり，「できる学」として表現できる造語を学術書や研究に用いるようになってきている。邦訳してしまうと，その意味がわからなくなってしまう英語が多くある。そこで，本書では，そのような場合，できるだけ英語を残し，その邦訳と併記することにした。

　2008年に『ソーシャルワーク論』（ミネルヴァ書房）を書き，その中で1900年からの2000年，約100年間のソーシャルワークの発展を見てきた。その後，ソーシャルワークは，国内外，その思想，理論，技術といった内的な変化，そして，地理的，社会的，国際的といった外的な発展も見てきた。内的，外的に融合し，一つのグローバルなものへと急速に変貌をとげようとしている。「ソーシャルワークのグローバル定義」において，ソーシャルワークは，「実践に基づいた専門職であり学問である」と明記されている。この変化の中で，本書が，これからのソーシャルワークのプラクティス（実践），教育，研究において，実践者，教育者，研究者として自ら問い直し，すすんでいこうとするとき，一つの道しるべとなれば幸いである。

　2016年8月

北島英治

グローバルスタンダードにもとづく
ソーシャルワーク・プラクティス
——価値と理論——

目　次

まえがき

第Ⅰ部　ソーシャルワーク・プラクティスの基盤

第1章　ソーシャルワーカーとは …………………………………… 1
　　　　　──グローバルスタンダードをふまえて

　1　ソーシャルワークのプロフェッショナル ………………………… 2
　　（1）社会福祉と社会保障とソーシャルワークの関連　2
　　（2）ソーシャルワーカーと専門分野　4

　2　ソーシャルワークのグローバルスタンダード …………………… 7
　　（1）ソーシャルワークの倫理・原則の表明　7
　　（2）グローバルスタンダード　15
　　（3）グローバルアジェンダ　29
　　（4）ソーシャルワークのグローバル定義　30

第2章　ソーシャルワーク・プラクティスの定義・対象 ………… 40

　1　ソーシャルワーク・プラクティスの定義 ………………………… 40
　　（1）3つの「過程／方法」の発展　40
　　（2）3つの「過程／方法」の専門分化と乖離　43
　　（3）ソーシャル・ケースワークとソーシャル・グループワークと
　　　　　コミュニティ・ワークの発展と乖離　44
　　（4）3つの「過程／方法」の統合化　45
　　（5）ソーシャルワーク・プラクティスの発展　46
　　（6）ソーシャルワーク・プラクティスの共通基盤　46
　　（7）ソーシャルワーク・プラクティスの統合化と理論の発展　49
　　（8）2000年以降のソーシャルワーク・プラクティスの発展　52
　　（9）ソーシャルワーク・プラクティスの教育・訓練　54

　2　ソーシャルワーク・プラクティスの対象 ………………………… 59
　　（1）ソーシャルワーク・プラクティスの対象としての「多様性」　59

（2）ソーシャルワーク・プラクティスの対象としての「不正義」
　　　　　「不平等」「社会参加への壁」——国際ソーシャルワークの
　　　　　視点から　62
　　　（3）ソーシャルワーク・プラクティスの対象としての「脆弱」と
　　　　　「レジリエント」　66
　　3　ソーシャルワーク・プラクティスの実際——児童虐待の事例から……71
　　　（1）包括的で体系的なソーシャルワーク・プラクティスの枠組み　71
　　　（2）ソーシャルワーク・プラクティスの具体例と振り返り　87

第3章　ソーシャルワーク・プラクティス理論の発展……………98
　　1　ソーシャル・ケースワークの理論……………………………………98
　　2　ソーシャルワーク・プラクティス理論の発展……………………100
　　　（1）3つの大きな思想と理論　101
　　　　　——ポジティビスト・コンストラクティビスト・プラグマティスト
　　　（2）客観主義と構成主義　104
　　　（3）従来的ソーシャルワークと革新的ソーシャルワークの理論　106

　　　第Ⅱ部　ソーシャルワーク・プラクティスを発展させた主な理論

第4章　構造的ソーシャルワーク・プラクティス理論……………116
　　1　構造的ソーシャルワーク・プラクティスの枠組み………………117
　　2　構造的ソーシャルワーク理論とプラクティス原則………………118
　　3　構造的ソーシャルワーク…………………………………………119
　　4　ソーシャルワークへの社会構造の役割……………………………120
　　　（1）社会構造のダイナミックな定義　120
　　　（2）構造的アプローチの具体例　121
　　　（3）構造的アプローチを用いたソーシャルワーク・プラクティス　123
　　5　社会正義と人権……………………………………………………124
　　6　不平等と社会的事由………………………………………………125

vii

7 構造的ソーシャルワーク・プラクティスの原則 …………………… 129
　（1）伝統的ソーシャルワーク・プラクティス　129
　（2）構造的ソーシャルワークの目標／原則とプラクティス　131

8 構造的ソーシャルワーク・プラクティスの援助過程 …………… 133
　――アセスメントとインターベンション
　（1）機関に所属する専門職としてのプラクティス　134
　（2）チューニング・イン　135
　（3）専門的援助関係　135
　（4）アセスメント　137

第5章　急進的・批判的・省察的
　　　　ソーシャルワーク・プラクティス理論 …………………… 142

**1 伝統的ソーシャルワーク・プラクティス理論から
　急進的ソーシャルワーク・プラクティス理論へ** ………………… 144

2 ソーシャルワーク・プラクティス理論の発展 ………………… 146

**3 急進的・構造的ソーシャルワーク・プラクティス理論から
　批判的ソーシャルワーク・プラクティス理論へ** ………………… 146
　（1）急進的ソーシャルワーク・プラクティス理論の問題点　146
　（2）批判的ソーシャルワーク・プラクティス理論の高まり　147
　（3）批判的ソーシャルワーク・プラクティス理論の発展　148
　（4）ポスト・モダンへの転換――ミシェル・フーコーの思想から　150
　（5）「支配的な言説」に対する"批判的分析"　154

**4 「リレーションシップ・ベース・ソーシャルワーク・プラクティス
　理論」と「パーソン・センタード・ソーシャルワーク・
　プラクティス理論」の重視** ……………………………………… 159

**5 批判的ソーシャルワーク・プラクティス理論から反射性／熟考的／
　省察的ソーシャルワーク・プラクティス理論へ** ……………… 165
　（1）「熟考的／省察的」と「反射性」の重要性　165
　（2）「熟考的／省察的な実践」と「批判的な熟考」　167
　（3）曲がった小道の実践　169

（4）80代前半のアメリアとソーシャルワーカーの
　　　　　イモゲンとの関わり　171

第6章　ソーシャルワーク・プラクティスを総合的に
　　　　提示した理論 …………………………………………………… 183

　1　モダン・ソーシャルワーク理論 ……………………………………… 184
　2　人間行動理論とソーシャルワーク・プラクティス ………………… 185
　　　（1）エコロジカル・アプローチ　186
　　　（2）構成主義アプローチ　187
　3　ソーシャルワークの理論的アプローチ …………………………… 192
　　　（1）機能的理論とソーシャルワーク・プラクティス　196
　　　（2）クライエント中心理論／パーソン中心アプローチの
　　　　　永久的原理　198
　　　（3）一般システム理論　202
　　　　　──ソーシャルワーク理論とプラクティスへの寄与
　　　（4）コンストラクティビズム　204
　　　　　──ソーシャルワーク・トリートメントのための概念的枠組み
　　　（5）ポストモダン・ソーシャルワーク　207
　　　　　──モダニズムとポストモダニズム

引用・参考文献

索　　引

第Ⅰ部　ソーシャルワーク・プラクティスの基盤

第1章 ソーシャルワーカーとは
──グローバルスタンダードをふまえて

1 ソーシャルワークのプロフェショナル

(1) 社会福祉と社会保障とソーシャルワークの関連

ソーシャルワークを理解するため，まず，関連する言葉であるソーシャルウエルフェアとソーシャルセキュリティとの関連を見ておこう。フリードランダーは，ソーシャルウエルフェア (social welfare)，ソーシャルワーク (social work)，そしてソーシャルセキュリティ (social security) を定義し，その関連を以下のように説明している (Friedlander 1955 : 4 *Introduction to Social Welfare.*)。

> 「"ソーシャルウエルフェア／社会福祉"とは，生活と健康において十分な基準を達成するよう個人や集団を支援するソーシャルサービスと制度からなる組織化された体系である」("*Social welfare*" is the organized system of social services and institutions, designed to aid individuals and groups to attain satisfying standards of life and health.)。
>
> 「"ソーシャルワーク"とは，人間関係に関する科学的知識と技術に基づき，社会的，そして個人的な満足と自立を達成するよう個々人，個人，あるいは集団を支援するところの一つの専門職サービスである」("*Social work*" is a professional service, based upon scientific knowledge and skill in human relations, which assists individuals, alone or groups, to obtain social and personal satisfaction and independence. It is usually performed by a social agency

or a related organization. The term "social welfare" has a broader implication than professional social work.)。

「"ソーシャルセキュリティ／社会保障"については，個人的能力や予測によって，個人やその家族を守ることができない現代社会の不慮の出来事——病気，失業，高齢，労災，障害——に対し，社会によって提供される一つの保護プログラムであると，私たちは理解する。社会的保護の一般的目標は，規則として，公的給付，社会保険，そして，その繰り返し行われる保護的な保健と福祉サービスの各種の形態によって保障されると，私たちは理解する」(By "social security" we understand a program of protection provided by society against those contingencies of modern life-sickness, unemployment, old age dependency, industrial accidents, and invalidity - against which the individual cannot be expected to protect himself and his family by his own ability or foresight. This general goal of social protection, as rule, is secured through the various forms of public assistance, social insurance, and frequently preventive health and welfare services.)。

つまり，"ソーシャルウエルフェア"とは，ソーシャルサービスと制度からなる組織化された体系であり，"ソーシャルワーク"とは，専門職サービスを意味し，"ソーシャルセキュリティ／社会保障"とは，保護プログラムであると定義している。これら三者の関係を1台のバスにたとえると，"ソーシャルウエルフェア／社会福祉"という車体を，2つの車輪である専門職サービスと保護プログラムで動かしていると考えることができる。そこで，社会福祉は，各種の制度とともに，ソーシャルワーカーの専門職サービスであるプラクティスから成り立っているといえる。次は，このプロフェッショナル（サービス／プラクティス）としての"ソーシャルワーカー"について考えてみよう。

（2）ソーシャルワーカーと専門分野

「ソーシャルワーク」とは"何か"と問われた時，言葉で説明をしようとすると難しい。ところが，「ソーシャルワーカー」とは"誰か"と問われたとき，言葉で説明することはやはり難しいが，今度は，その人々が実際にいるので，「この人がソーシャルワーカーです」と示せばよい。また，「ソーシャルワーク・プラクティス」においても，ソーシャルワーカーが"どのようなことを行っているか"と問われると，やはり言葉で説明することは難しいが，ソーシャルワーカーが実際に行っていることを見てもらえばよい。抽象概念（内包）を言葉で説明することは難しいが，現実にある対象（外延）を示すことは比較的容易である。そこで，「ソーシャルワーク」を言葉で説明するのではなく，実際の「ソーシャルワーカー」を示し，そのソーシャルワーカーが行っているソーシャルワーカーの「専門分野」を見てみよう。

まず，「ソーシャルワーカー」とは"誰か"を示す。実際のソーシャルワーカーを，今ここで見ることはできないので，ソーシャルワーカーの写真を見てみよう。ファイアーストン（Firestone）は，ソーシャルワーカーはどのような人で，どのようなことをしているかということを，子どもたちにわかりやすく示すために，薄い写真集を出版している。ソーシャルワーカーたちのいる場の写真を左頁に大きく見せ，その右頁には，大きな文字で簡単な説明が書かれている。その一部である4つの写真を提示する（資料1-1～4）。

資料1-1～4に添えられている文章の邦訳は以下の通りである。

資料1-1：ソーシャルワーカーは，どのように人を援助しているのでしょうか。

　　　　問題を自らが解決できなくなっている人々を援助しています。ソーシャルワーカーは，住むところ，食べるもの，着るもの，そして働くところを，その人々が，見つけ出していけるよう援助しているの

第1章 ソーシャルワーカーとは

資料1-1

資料1-2

資料1-3

資料1-4

出所：Firestone（2002：20・6・8・16）．

です。多くのソーシャルワーカーは，人々が安心できて，健康的なところで生活し，働いていけるよう援助しています。

資料1-2：ソーシャルワーカーは，何をしているのでしょうか。

　人々は時に，仕事を失うことがあります。ソーシャルワーカーは，その人々が新しい仕事や訓練するところをみつけられるよう援助し

5

ています。ソーシャルワーカーは，家族が葛藤を解決していけるよう援助します。ソーシャルワーカーはまた，安心して，健康的な家庭において子どもたちが，スムーズに生活できるよう援助しています。

資料1-3：ソーシャルワーカーは，どこで働いているのでしょうか。

ソーシャルワーカーは，さまざまな場所で働いています。ソーシャルワーカーは，ある時は，病院で，学校で，あるいは，ナーシング・ホームで働いています。あるいは，警察署や刑務所でも働いています。ソーシャルワーカーは，国のためにも働いています。

資料1-4：ソーシャルワーカーと学校

ソーシャルワーカーは，学校でも働いています。そこで，いかに人々から話を聞き，どのように話をするかを学びます。また，人々を援助するための制度を勉強します。ソーシャルワーカーは，人々が問題を解決していけるよう援助する方法を学びます。

ブリンカーホッフ（Brinkerhoff）は，ソーシャルワーカーが働く専門分野の例を，以下のように挙げている（Brinkerhoff 2003: 10-11）。

① 臨床ソーシャルワーカー（Clinical social workers）
② 子ども福祉・家族サービス・ソーシャルワーカー（Child welfare or family services social workers）
③ 児童・成人保護サービス・ソーシャルワーカー（Child or adult protective services social workers）
④ 精神保健ソーシャルワーカー（Mental health social works）
⑤ 医療ケア・ソーシャルワーカー（Health care social workers）
⑥ スクール・ソーシャルワーカー（School social workers）
⑦ 司法ソーシャルワーカー（Criminal justice social workers）

⑧　就労ソーシャルワーカー（Occupational social workers）
⑨　高齢者ソーシャルワーカー（Gerontology social workers）
⑩　ソーシャルワーク・アドミニストレーター（Social work administrators）
⑪　ソーシャルワーク・プランナーとポリシー・メーカー（Social work planners and policy-makers）

2　ソーシャルワークのグローバルスタンダード

　IFSW（国際ソーシャルワーカー連盟）とIASSW（国際ソーシャルワーク学校連盟）は，以下の4つの公式文書を国際会議において承認し，インターネット上に提示している。なお，括弧内の年は承認された年である。

①　「ソーシャルワークにおける倫理・原則の表明」（Ethics in Social Work, Statement of Principles）（2004年）
②　「グローバルスタンダード」（Global Standards）（2004年）
③　「グローバルアジェンダ」（The Global Agenda）（2012年）
④　「ソーシャルワークのグローバル定義」（Global Definition of the Social Work）（2014年）

　以下，これら4つについて説明する。日本においても，その邦訳として『ソーシャルワークの定義，ソーシャルワークの倫理——原理についての表明，ソーシャルワークの教育・養成に関する世界基準』（相川書房，2009年）が出版されている。

（1）ソーシャルワークの倫理・原則の表明

　「ソーシャルワークの倫理——原理についての表明」（Ethics in Social Work,

第Ⅰ部　ソーシャルワーク・プラクティスの基盤

Statement of Principles）は，オーストラリアのアデレードで行われた2004年の国際会議において採択された。その内容は大きく以下の４つの部分から成り立っている。

① ソーシャルワークの定義：2001年（Definition of Social Work）
② 国際規約（International Conventions）
③ 原理（Principles）
　4.1　人権と人間の尊厳（Human Rights and Human Dignity）
　4.2　社会正義（Social Justice）
④ 専門職としての行動（Professional conduct）

これらの部分について，以下に説明する。
１）ソーシャルワークの定義
ソーシャルワークの定義は，以下の３つの項目から構成されている。

① ソーシャルワーク専門職は，人間の福利（ウエルビーイング）の増進を目指して，社会の変革を進め，人間関係における問題解決を図り，人々のエンパワメントと解放を促していく。（The social work profession promotes social change, problem solving in human relationships and the empowerment and liberation of people to enhance well-being.）
② ソーシャルワークは，人間の行動と社会システムに関する理論を利用して，人々がその環境と相互に影響し合う接点に介入する。（Utilising theories of human behavior and social systems, social work intervenes at the points where people interact with their environments.）
③ 人権と社会正義の原理は，ソーシャルワークの拠り所とする基盤である。（Principles of human rights and social justice are fundamental to social work.）

第1章 ソーシャルワーカーとは

　最初の文章において，"ソーシャルワーク・プロフェッション"（Social work profession）の目的は，「人間の福利（ウエルビーイング）を目指す」ことであることが示されている。この目的を達成するため，「社会の変革」「人間関係における問題解決を図」り「人々のエンパワメントと解放を促進する」とある。また，ソーシャルワークに"プロフェッション"という言葉が付され，"専門性"（profession）をもった"専門職（家）"（professional）であることを明記している。医療の"専門家"が「医師」「看護師」であるように，ソーシャルワーカーは，ソーシャルワーク・プラクティスにおいて，プロフェッショナル・アイデンティティをもった"専門家"であることを示している。

　次に，ソーシャルワーカーの目的，あるいは使命は，「人間の福利（ウエルビーイング）を目指す」ことにあるとして，"well-being"という言葉が使われている。"良い（well）"と"Being"という言葉は，「より多くのお金」「立派な家」「美しい服」といった"良い""物"（material）と対置した言葉である。現代社会において，どれだけ多くのお金，どんな良い家に住んでいるか，立派な服を多くもっているか，といった"所有"（Having）が，人の"成功"や"立派さ"を判断する重要な価値判断となる。この"所有"することができないもの／こと，それがその人の"存在（Being）"である。たとえば，「人間」を"human-being"と書く。人間が持っているもの，「人間所有」（human-having）をすべてはぎとったとき，そこに残るもの／こと，それが「人間」（human-being）である。つまり，"Well-being"とは，その人，あるいはその人々の"存在（Being）"のありかたが"良い（well）"ことを意味する。ソーシャルワーカーは，その"人の存在"（Being）の"良さ"（well）を"目指す"。そこで，3つ目の文章にある「人権」（human rights）へとつながる。これを実現することが，ソーシャルワーカーの存在意義であり，使命であり，ソーシャルワーク・プラクティスの共通基盤となる専門価値である。

2）国際規約

この国際規約の項目において,「国際的人権宣言や条約は, 共有する達成水準となり, グローバルな社会で受け入れられている権利を承認するものである」と述べられている。その上で, 関連する以下の7つの文書を列挙している。

① 「世界人権宣言」(*Universal Declaration of Human Rights*)
② 「市民権・政治的権利に関する国際規約」(*The International Covenant on Civil and Political Rights*)
③ 「経済的・社会的・文化的権利に関する国際規約」(*The International Covenant of Economic Social and Cultural Rights*)
④ 「あらゆる人種差別の撤廃に関する国際条約」(*The Convention on the Elimination of All Forms of Racial Discrimination*)
⑤ 「あらゆる女性に対する差別撤廃に関する条約」(*The Convention on the Elimination of All Forms of Discrimination against Women*)
⑥ 「子どもの権利に関する条約」(*The Convention on the Rights of the Child*)
⑦ 「先住民や部族民に関する条約 (ILO条約169)」(*Indigenous and Tribal People Convention (ILO convention 169)*)

3）原　理

原理の項目において, 以下のように「人権と人間の尊厳」と「社会正義」について説明されている。

① 人権と人間の尊厳

「ソーシャルワークの原理を考える上で, その基盤とした国際規約が, 上に列挙されている。その最初に『世界人権宣言』がある。未曾有の大量虐殺のあった第2次世界大戦を経験した世界に対し, その全文で,「人権の無視

及び軽侮が、人類の良心を踏みにじった野蛮な行為をもたらし…」(Whereas disregard and contempt for human rights have resulted in barbarous acts which have outraged the conscience of mankind,…) と明記され、その反省として、「国際連合憲章において、基本的人権、人間の尊厳及び価値を促進することを決意し」(Whereas the people of the united Nations have in the Charters reaffirmed their faith in fundamental human rights, in the dignity and worth of the human person)、「この世界人権宣言を公布する」と記されている。その第1条では、「すべての人間は、生まれながらにして自由であり、かつ尊厳と権利とについて平等である」(All human beings are born free and equal in dignity and rights.) と謳っている。また、第2条では、「すべての人は、人種、皮膚の色、性、言語、宗教、政治上その他の意見、国民的若しくは社会的出身、財産、門地その他の地位又はこれに類するいかなる事由による差別をも受けることなく、この宣言に掲げるすべての権利と自由とを享有することができる」(Everyone is entitled to all the rights and freedoms set forth in this Declaration, without distinction of any kind, such as race, colour, sex, language, religion, political or other opinion, national or social origin, property, birth or other status.) と述べられている。

前述したソーシャルワークの定義（2001年）の最後に「人権と社会正義は、ソーシャルワークの拠り所とする基盤である」(Principle of human rights and social justice are fundamental to social work.) と書かれている。

つまり、ソーシャルワークの原理は各種あるが、その中でも、「人権」と「社会正義」は、基本中の基本であることがここにも明記されているのである。これらの原理は、ソーシャルワーカーの倫理綱領の中で、ソーシャルワーカーの「専門（職）価値（professional values）」として最初に提示されている。各国のソーシャルワーカー連盟によって異なるが、5ないし6つの専門価値が提示され、その中において、この2つを「基本的専門価値」と呼ぶことがある。そのため、この2つが重視され、特に取り上げられているのである。

第Ⅰ部　ソーシャルワーク・プラクティスの基盤

　人権と人間の尊厳（the inherent worth and dignity of all people）について，「ソーシャルワーカーは，すべての人について固有の価値と尊厳の尊重，およびここから派生する諸権利に基盤を置く」こと，そして「ソーシャルワーカーは個々の人間の身体的，心理的，情緒的，そして精神的な統合と人間の福利（ウエルビーイング）を増進し，そして守らなければならない」と明記している。そして，以下のように説明している。

- 自己決定に関する権利を尊重すること
　ソーシャルワーカーは人々が，彼らの価値観や人生の選択がいかなるものであるかに関わりなく，その決定が他者の権利や利益を侵害しない限りにおいては，自分で選択し決定する権利を尊重しなければならない。(Respecting the right to self-determination – Social workers should respect and promote people's right to make their own choices and decisions, irrespective of their values and life choices, provided this does not threaten the right and legitimate interests of others.)
- 参加への権利を促進すること
　ソーシャルワーカーは，サービスを利用する人々の生活に，あらゆる面から考察して影響を及ぼす決定と実施において，力を発揮できるような方法で，彼らの完全な関与と参加をすすめるべきである。(Promoting the right to participation – Social workers should promote the full involvement and participation of people using their services in ways that enable them to be empowered in all aspects of decisions and actions affecting their lives.)
- 個々の人間を全体としてとらえる
　ソーシャルワーカーは，家族，コミュニティ，社会環境や自然環境の中で，全体としての人間に関心を払うべきであり，そしてその人物の生活のあらゆる側面を明確に理解しようとするべきである。(Treating each person as a whole – Social workers should be concerned with the whole person,

within the family, community, societal and natural environments, should seek to recognize all aspects of a person's life.)
- ストレングスを見出し伸ばすこと

　ソーシャルワーカーは，すべての個々人，グループ，コミュニティについてストレングス（力）に傾注し，そのエンパワメントを進展させるべきである。(Identifying and developing strengths – Social workers should focus on the strength of all individuals, groups and communities and thus promote their empowerment.)

② 社会正義

社会正義について，「ソーシャルワーカーは，社会全般に関して，また自分たちが対象にしている人々に関して社会正義をすすめる責任がある」とし，以下のように説明している。

- 不利な差別に立ち向かうこと

　ソーシャルワーカーは，能力，年齢，文化，ジェンダーまたは性別，婚姻の地位，社会経済的状況，政治的見解，皮膚の色，人種もしくはその他の身体的特徴，性的指向，あるいは精神的信条などの特徴を理由にした不利な差別に立ち向かう責任をもつ。(Challenging negative discrimination – Social workers have a responsibility to challenge negative discrimination on the basis of characteristics such as ability, age, culture, gender or sex, marital status, socio-economic status, political opinions, skin color, racial or other physical characteristics, sexual orientation, or spiritual beliefs.)

- 多様性を認識すること

　ソーシャルワーカーは，個人，家族，グループ，コミュニティに違いがあることを考慮して，自分たちが実践する社会の民族と文化の多様性を認識し，尊重するべきである。(Recognizing diversity – Social workers should recognize and respect the ethnic and cultural diversity of the societies in which they practice, taking account of individual, family, group and community differences.）

- 資源を公正に分配すること

　ソーシャルワーカーは，自分の裁量権のある資源が，ニーズに応じて配分されるのを確実にするべきである。(Distributing resources equitably – Social workers should ensure that resources at the disposal are distributed fairly, according to need.)

- 不公正な方針や実践に対して立ち向かうこと

　ソーシャルワーカーは，資源が不適切である場合，あるいは資源配分，方針，実践が酷い場合，不公正な場合，有害である場合，自分たちの雇用者，方針策定者，政治家，そして一般的公衆の眼をそういう状況に向けさせる義務がある。(Challenging unjust policies and practices – Social workers have a duty to bring to the attention of their employers, policy makers, politicians and general public situations where resources are inadequate or where distribution of resources, policies and practices are oppressive, unfair or harmful.)

- 団結して働くこと

　ソーシャルワーカーは，社会的排除，スティグマ化あるいは奴隷化の一因となる社会状況に立ち向かい，包含的社会の実現に向けて働く義務がある。(Working in solidarity – Social workers have an obligation to challenge social conditions that contribute social exclusion, stigmatization or subjugation, and to work towards an inclusive society.)

4）専門職としての行動

　アメリカ，オーストラリア，日本など各国の「ソーシャルワーカーの倫理綱領」は，まず「定義」が明記され，次に，①「価値」(value)，②「倫理原則」(ethical principle)，③「倫理基準」(ethical standard)，④「行動規約」

(ethical conduct) の 4 つの枠組みから構成されている。このように，まずソーシャルワークの「定義」が提示され，その後，「価値」から始まって，次に，その使命，その倫理原則が述べられた後に，その「倫理の基準」が定められている。そして，最後に，「行動の基準」として"何を（具体的に）するか"が，目に見える具体的な行動としての，「専門職基準」(professional conduct) の項目が列挙されている構成になっている。

そして最後に，この文章は2004年，オーストラリア・アデレードで開かれたIFSW，IASSWの両総会において採択された最終文書であることを記している。

（2）グローバルスタンダード

ここで，「グローバルスタンダード」とは何かを理解しておこう。グローバル化がすすむ世界的な潮流の中で，「ソーシャルワーク」「ソーシャルワーカー」とは何か，そのソーシャルワークの定義，ソーシャルワークの目的・使命，そして，ソーシャルワークの教育・訓練について，各国，各地域を越えて共通に目標となしえる基準を，IASSWとIFSWの合同による会議において定めておこうというものである。そこで定められたソーシャルワークに関するグローバルスタンダードの項目は，次の通りである。

① ソーシャルワークのグローバル定義（International Definition of Social Work）
② ソーシャルワークの基本目的（Core Purposes of the Social Work Profession）
③ ソーシャルワーク専門性の教育と訓練のためのグローバルスタンダード（Global Standards for the Education and Training of the Social Work Profession）
　ⅰ 大学・学校の基本目的／ミッション・ステートメントに関する基

準（Standards regarding the school's core purpose or mission statement）
ⅱ 教育プログラムの達成目標と成果に関する基準（Standards regarding program objectives and outcomes）
ⅲ 教育プログラムのカリキュラム（実習教育を含む）に関する基準（Standards with regard to program curricula including field education）
ⅳ コア・カリキュラムに関する基準（Standards with regard to core curricula）
ⅴ ソーシャルワーク専門教員・指導者に関する基準（Standards with regard to professional staff）
ⅵ ソーシャルワークを学ぶ学生に関する基準（Standards with regard to social work students）
ⅶ 組織・運営・管理及び資源に関する基準（Standards with regard to structure, administration, governance and resources）
ⅷ 文化的・民族的多様性の保証と両性平等の扱いに関する基準（Standards with regard to cultural and ethnic diversity and gender inclusiveness）
ⅸ ソーシャルワークの価値と倫理綱領に関する基準（Standards with regard to values and ethical code of conduct of the social work Profession）

この中の「②ソーシャルワークの基本目的」と「③ソーシャルワーク専門性の教育と訓練のためのグローバルスタンダード」の中の「ⅳコア・カリキュラムに関する基準」を、以下、説明しておこう。

1）ソーシャルワークの基本目的

ソーシャルワークの目的、ソーシャルワーカーの使命、そしてソーシャルワーク・プラクティスの対象とする人々を明確に示すため、「②ソーシャルワークの基本目的（Core purposes of the social work profession）」の部分を、以下、引用する。

① 社会の周辺に追いやられている人々，社会的に排除されている人々，貧困にある人々，社会的に脆弱で，危機に瀕している人々が社会に参加できるように支援する。(Facilitate the inclusion of marginalized, socially excluded, dispossessed, vulnerable and at-risk groups of people.)
② 社会に存在する社会参加への壁，不平等，不正義に対して立ち向かう。(Address and challenge barriers, inequalities and injustices that exist in society.)
③ 人々の福利（ウエルビーイング）と問題解決能力を高めるよう，個人，家族，集団，組織，コミュニティと短期的及び長期的な関わりをもち，働きかける。(From short and long-term working relationships with and mobilize individuals, families, groups, organizations and communities to enhance their well-being and their problem-solving capacities.)
④ コミュニティのサービスと社会資源の活用ができるように，人々を支援し教育する。(Assist and educate people to obtain services and resources in their communities.)
⑤ 人々の福利（ウエルビーイング）を向上し，発展と人権尊重を推進し，社会の調和と安定を――他の人の人権を侵害しない限りにおいて――促進する制度政策を立案し，実行する。(Formulate and implement policies and programs that enhance people's well-being, promote development and human rights, and promote collective social harmony and social stability, insofar as such stability does not violate human rights.)
⑥ 該当する地方，国，(国際)地域，世界の問題に取り組み努力する人々に働きかける。(Encourage people to engage in advocacy with regard to pertinent local, national, regional, and/or international concerns.)
⑦ 専門職としての倫理原則に則った政策の立案と，その実現を図り，人々とともにあるいは人々のために行動する。(Act with and/or for people to advocate formulation and targeted implementation of policies that are

consistent with the ethical principles of the profession.)
⑧ 人々を社会的弱者の（社会の周辺の「略奪された」「傷つきやすい」）地位に置き続ける政策と構造的条件を，また多様な民族間の社会的調和と安全を妨げる政策と構造的条件を――それら安定が人権を侵害しない限りにおいて――変えるために，人々とともにまたは人々のために行動する。(Act with and/or for people to advocate changes in those policies and structural conditions that maintain people in marginalized, dispossessed and vulnerable positions, and those that infringe the collective social harmony and stability of various ethnic groups, insofar as such stability does not violate human rights.)
⑨ たとえば，子どもやケアを必要とする若い人々，精神障害や発達障害をもつ人々など，自ら行動を起こしにくい人々の援護のために，彼らが社会に受け入れられ，かつ倫理的に認められるよう，法律の枠内で働きかける。(Work towards the protection of people who are not in a position to do so themselves, for example children and youth in need of care and persons experiencing mental illness or mental retardation, within the parameters of accepted and ethically sound legislation.)
⑩ 不平等を批判し無くすことによって，社会政策や経済発展に影響を与え，また社会に変革をもたらすよう社会的・政治的活動に従事する。(Engage in social and political action to impact social policy and economic development, and to effect change by critiquing and eliminating inequalities.)
⑪ 人々の人権を侵害することのない，安定し調和のとれた，そしてお互いが尊重し合える社会を実現していく。(Enhance stable, harmonious and mutually respectful societies that do not violate people's human rights.)
⑫ 異なる民族集団，社会の中にあって，人々の基本的人権を侵害しない限り，お互いの伝統，文化，思想，信条，宗教を尊重する。(Promote respect for traditions, cultures, ideologies, beliefs and religions

amongst different ethnic groups and societies, insofar as these do not conflict with the fundamental human rights of people.)
⑬ 以上の諸目的を実現するための制度及び組織を計画し，組織化し，運営し，管理する。(Plan, organize, administer and manage programs and organizations dedicated to any of the purpose delineated above.)

以上の「ソーシャルワークの基本目的 (Core purposes of the social work profession)」の文章中の12の重要なキーワードを，以下，確認しておく。

① 「社会の周辺に追いやられている人々」(marginalized people)
② 「社会的に排除されている人々」(socially excluded people)
③ 「貧困状態の人々」(dispossessed people)
④ 「社会的に脆弱な人々」(vulnerable people)
⑤ 「危機に瀕している」(at-risk)
⑥ 「社会参加への壁」(barrier)
⑦ 「不平等」(inequality)
⑧ 「不正義」(injustice)
⑨ 「福祉」(well-being『ソーシャルワークの定義』においては，『ウエルビーイング』とカタカナが使われた。)
⑩ 「問題解決能力」(problem-solving capacity)
⑪ 「人権」(human right)
⑫ 「構造的条件」(structural condition)

以上の「ソーシャルワークの基本目的」の各項目は，前述した「ソーシャルワーク定義」(2001年) 中の最後の文章とともに，「国際規約」である「世界人権宣言」，そして「原理」としての「人権と人間の尊厳」と「社会正義」に基づき「ソーシャルワークの基本目的」の具体的項目として，提起されて

いることを理解しておくことは重要なことである。なぜなら前述したように，各国のソーシャルワーカー連盟の「ソーシャルワーカーの倫理綱領」は，この「グローバルスタンダード」の形式を下敷きにして作成されているからである。

そこで，「原理」のところで述べたことを繰り返すが，ソーシャルワークの基本原理であるので，改めて確認しておこう。つまり，前述した「世界人権宣言」第1条中にあるように「すべての人間は，生まれながらにして自由であり，かつ，尊厳と権利とについて平等でなければならない」し，第2条に明記してあるように，「すべての人は，人種，皮膚の色，性，言語，宗教，政治上その他の意見，国民的若しくは社会的出身，財産，門地その他の地位またはこれに類するいかなる事由による差別を受けることなく，この宣言に掲げるすべての権利と自由とを享有することができる」よう，ソーシャルワーカーの原則，価値として，差別のない社会，つまり，社会正義を実現することをソーシャルワークの目的とし，前頁の12の項目が「目標」として列挙されている。

たとえば，「ソーシャルワークの基本目的」の冒頭に述べられている「社会の周辺に追いやられている人々，社会的に排除されている人々，貧困にある人々，社会的に脆弱な人々」とは，「世界人権宣言」に述べられた「人種，皮膚の色，性，言語，宗教，政治上その他の意見，国民的若しくは社会的出身，財産，門地その他の地位またはこれに類するいかなる事由」によって，社会の中で"差別されている""排除されている""貧困にある"，そして"社会的に脆弱な"人々を意味しているのである。そこで，ソーシャルワーカーは，その「人々が社会に参加できるように支援する」ことを，ソーシャルワークの基本目的にしようというのである。

また，「人々の福利（ウエルビーイング）を向上し，発展と人権尊重を推進し，社会の調和と安定を——他の人との人権を侵害しない限りにおいて——促進する制度政策を立案し，実行する」ことがソーシャルワーカーの基本

的目標とされている。つまり，ここでもソーシャルワークの「原理」としての「人権と人間の尊厳」と「社会正義」に則って，それらを「促進する制度政策を立案し，実行する」と明記している。あるいは，社会の中で"差別されている""排除されている""貧困にある"，そして"社会的に脆弱な"人々として，具体的には，「たとえば，子どもやケアを必要とする若い人々，精神障害や発達障害をもつ人々など，自ら行動を起こしにくい人々の援護のために」ソーシャルワーカーは（社会に）働きかけると明記している。

あるいは，「社会正義」の実現とは，「人々の人権を侵害することのない，安定し調和のとれた，そしてお互いが尊重し合える社会」の実現であるとも書かれている。そして，「世界人権宣言」の中で示されている"差別事由"にあるように，「異なる民族，社会の中にあって，人々の基本的人権を侵害しない限り，お互いの伝統，文化，思想，信条，宗教を尊重する」ことが，ソーシャルワークの基本目的となる。この"差別事由"の範囲に関し，現在，時代の流れとグローバル化ともに変化し拡大してきている。

2）コア・カリキュラムに関する基準

「コア・カリキュラムに関する基準」は，前述したように，IASSWとIFSWが，「ソーシャルワーク教育・養成に関する世界基準（Global standards for the education and training of the social work profession）」として，2004年にオーストラリア・アデレードにおける各総会で採択した基準の一つである。

一般的に，ソーシャルワーク教育・訓練に関する"グローバルスタンダード"という時，15～16頁に示したⓘからⓘⓧの9つの基準全体を意味しているということを理解しておくことは重要である。ただしここでは，ソーシャルワーカーとして教育・訓練，実習の内容である「ⓘⓥコア・カリキュラムに関する基準」に焦点化し，提示することとする。この「コア・カリキュラムに関する基準」は，ソーシャルワークに関する領域，ソーシャルワーカーに関する分野，ソーシャルワーク実践の方法の3つの項目で構成されている。その冒頭に，「大学・学校は，コア・カリキュラムについて，以下の基準を達

第Ⅰ部　ソーシャルワーク・プラクティスの基盤

成するように努めなければならない」と書かれている。

　ここでも，ソーシャルワーク教育・訓練において，前述してきた「人権と人間の尊厳」と「社会正義」の「原理」が貫かれていることはいうまでもない。また，「コア・カリキュラムに関する基準」の特徴の一つとして，この「原理」がその中心（コア）にあるが，それに加え，「ソーシャルワークの定義」(2001年) の内容が，この「基準」の中にカリキュラムの中心（コア）として網羅されていることが2つ目の特徴である。前述した「ソーシャルワークの定義」は，3つの項目からなっているが，その項目の重要なポイントを，ここでもう一度確認しておこう。ソーシャルワーク専門職の目的は，"①人間の福利（ウエルビーイング）の増進を目指して，社会変革を進め，人間関係における問題解決を図り，人々のエンパワメントと解放を促していく"と書かれている。次に，ソーシャルワークが介入する領域は，"②人間の行動と社会システムに関する理論を利用して，人々がその環境と相互に影響し合う接点"であるとしている。そして，ソーシャルワークの原理は，"③人権と社会正義"であると明記している。3つ目の文章は「原理」であり，最初と2つ目の文章が，以下に示される「コア・カリキュラムに関する基準」の中の"領域""分野""実践の方法"に盛り込まれているのである。

　コア・カリキュラムに関する基準は以下の通りである。

　　大学・学校は，コア・カリキュラムについて，以下の基準を達成するよう努めなければならない。(In respect core curricula, school should aspire toward the following)
　4.1　教育プログラムのカリキュラムに含まれるものは，それぞれの地方，国（国際），地域・世界のニーズとその優先順位により決定され，選ばれなければならない。(An identification of and selection for inclusion in the program curricula, as determined by local, national and regional/international needs and priorities.)

4.2 4.1の規定はあるものの，全世界共通とみなされる一定のコア・カリキュラムもある。ソーシャルワークを学ぶ学生は，最初のソーシャルワーク資格基礎課程を終えるまでに，以下の4つの枠組みに体系化されたコア・カリキュラムを学習する機会を与えられるべきである。(Notwithstanding the provision of 4.1 there are certain core curricula that may be seen to be universally applicable. Thus the school should ensure that social work students, by the end of their first Social Work professional qualification, have had exposure to the following core curricula which are organized into four conceptual components.)

4.2.1 ソーシャルワークに関する領域（Domain of the Social Work Profession）

① 社会構造上の欠陥，差別，抑圧，社会・正義・経済上の不正義が，どのように世界レベルを含むすべてのレベルにおいて人間の機能と発達に対して影響を与えているかを批判的に理解できるようになるものでなければならない。(A critical understanding of how socio-cultural inadequacies, discrimination, oppression, and social, political and economic injustices impact functioning and development at all levels, including the global.)

② 人の行動と発達に関する知識と社会環境に関する知識について，特に，人－環境の相互関係，生涯にわたる成長，そして，人の発達と行動を形作る生物的，心理的，社会・構造的，経済的，政治的，文化的，霊的・精神的・宗教的要因に重点を置いて，教授されなければならない。(Knowledge of human behavior and development and of the social environment, with particular emphasis on the person-in-environment transaction, life-span development and the interaction among biological, psychological, socio-structural, economic, political, cultural and spiritual factors in shaping human development and behavior.)

③ 伝統，文化，信条，宗教，習慣が，すべてのレベルで人間の機能と成長にどのように影響するのか，これらがどう成長と発達への資源となりあるいは障害となるかを含め，教授されなければならない。(Knowledge of how traditions, culture, beliefs, religions and customs influence human functioning and development at all levels, including how these might constitute resources and/or obstacles to growth and development.)

④ ソーシャルワークの起源と目的について，批判的に理解することができるようにならなければならない。(A critical understanding of social work's origins and purposes.)

⑤ それぞれの国に特有のソーシャルワークの起源と発達について，理解することができるようなものでなければならない。(Understanding of country specific social work origins and development.)

⑥ 各専門職間の協力とチームワークを促進するため，関連する職業と専門職について十分な知識を得ることができなければならない。(Sufficient knowledge of related occupations and professions to facilitate inter-professional collaboration and teamwork.)

⑦ 地方，特に，（国際）知識／世界レベルの社会福祉政策（及びその欠落），サービス，法律に関する知識と，政策の立案，実行，評価及び社会変革の過程におけるソーシャルワークの役割についての知識を得ることができるものでなければならない。(Knowledge of social welfare policies (or lack thereof), services and laws at local, national and/or regional/international levels, and the rolls of social work in policy planning, implementation, evaluation and is social change processes.)

⑧ 社会の安定，調和，相互の尊敬，集団的連帯がどう世界レベルを含むすべてのレベルで人間の機能と発達に影響を及ぼすかについて，その安定，調和，連帯が人権の侵害に関する現状を維持するために

用いられない限りにおいて，批判的・批評的に理解できるようになるものでなければならない。(A critical understanding of how social stability, harmony, mutual respect and collective solidarity impact human functioning and development at all levels, including the global, insofar as that stability, harmony and solidarity are not used to maintain a status quo with regard to infringement of human rights.)

4.2.2 ソーシャルワーカーに関する分野 (Domain of the Social Work Professional)

① ソーシャルワーク専門職としての価値に則った実践を行い，"燃え尽きる"ことなく自らの健康と福祉専門職としての力を増進させるという責務を雇用主側とともに果たしていく，自ら考え，判断し，自省しながら進むことのできる実践家が育成されなければならない。(The development of the critically self-reflective practitioner, who is able to practice within the value perspective of the social work profession, and shares responsibility with the employer for their well-being and professional development, including the avoidance of 'burn-out'.)

② 個人の生活や個人的価値観とソーシャルワーク実践との間の関係が理解できるようになるものでなければならない。(The recognition of the relationship between personal life experiences and personal value systems and social work practice.)

③ 国，（国際）地域，世界のそれぞれにおけるソーシャルワーク倫理綱領を理解し，それらをそれぞれの具体的場面へと適用できるようになるものでなければならない。(The appraisal of national, regional and/or international social work codes of ethics and their applicability to context specific realities.)

④ 多様な民族，文化，"人種"性，及びその他の形態の多様性を内に含んだ広範囲の内容について実践ができる技能をもった，しかし

全体論的（＝生物的，心理的，社会構造的，経済的，政治的，文化的，霊的・精神的・宗教的）枠組みの中に置かれたソーシャルワーカーが養成されるものでなければならない。(Preparation of social workers within a holistic framework, with skills to enable practice in a range of contexts with divers ethnic, cultural, 'racial'7 and gender groups, and other forms of diversities. (7. Concepts 'racial' and 'race' are in inverted commas to reflect that they are socio-structural and political constructs, wherein biological differences amongst people are used by some dominant groups to oppress, exclude and marginalize groups considered to be of minority status.)

⑤ 多様な民族集団の異なった文化，伝統，習慣に根ざしたソーシャルワークの「知」をその文化，伝統，慣習及び民族性が人権を侵さない限りにおいて，概念化することができるソーシャルワーカーが育成されなければならない。(The development of the social worker who is able to conceptualize social work wisdom derived from different cultures, traditions and customs in various ethnic groups, insofar that culture, tradition, customs and ethnicity are not used to violate human rights.)

⑥ 権力の複雑さ，曖昧さ，多面的，倫理的，法的な側面に関する対話が可能なソーシャルワーカーが育成されなければならない。
(The development of social worker who is able to deal with the complexities, subtleties, multi-dimensional, ethical, legal and dialogical aspects of power.)

4.2.3 ソーシャルワーク実践の方法 (Methods of Social Work Practice)

① 社会的支援及び発達・用語・予防・治療的介入を目的としたプログラムの設定目標——それは当該プログラムの特定のねらい又は専門的実践が目指す方向性に応じて異なる——を達成することができるアセスメント，関係構築，援助過程についての十分な実践技能と

知識が教授されなければならない。(Sufficient practice skills in, and knowledge of, assessment, relationship building and helping processes to achieve the identified goals of the program for the purposes of social support, and developmental, protective, preventive and/or therapeutic intervention – depending on the particular focus of the program or professional practice orientation.)

② 不平等及び社会的・政治的・経済的不正義と闘うためにソーシャルワークの価値，倫理原則，知識及び技能を用いることができるようになるよう教授されなければならない。(The application of social work values, ethical principles, knowledge and skills to confront inequality, and social, political and economic injustices.)

③ ソーシャルワーク研究調査及び研究調査法の用い方・技法についての知識が教授されなければならない。そこでは，関連研究調査の枠踏みを用いる場合の倫理性及びソーシャルワーク実践に関する調査研究や各種の文献等を用いる場合の批判的理解が含まれなければならない。(Knowledge of social work research and skills in the use of research methods, including ethical use of relevant research paradigms, and critical appreciation of the use of research and different sources of knowledge about social work practice.)

④ 社会の人々が他人を気遣い，相互に尊重し合い，互いに責任をもちあえるよう促すべく，ソーシャルワークの価値，倫理原理，知識と技術を用いることができるようにならなければならない。(The application of social work values, ethical principles, knowledge and skills to promote care, mutual respect and mutual responsibility amongst members of a society.)

4.2.4 ソーシャルワークのパラダイム (Paradigm of the Social Work Profession)

① 以下に示すような認識の仕方（それらはお互いオーバーラップもする）が，現在のソーシャルワークの教育，養成，実践の特徴であるが，これらはコア・カリキュラムに反映されるべきである。(Of particular current salience to professional social work education, training and practice are the following epistemological paradigms (which are not mutually exclusive), that should inform the core curricula.)

② すべての人間の尊厳，価値，個性を理解し，認める。(An acknowledgement and recognition of the dignity, worth and uniqueness of all human beings.)

③ ミクロ，メゾ，マクロにおいて，すべてのシステムが相互に関連しあっていることを理解する。(Recognition of the interconnectedness that exists within and across all systems at micro, mezzo and macro levels.)

④ 人々を社会的に無力化し，周辺化し，排除する社会構造的，政治的，経済的状況の中におけるアドボカシーと変革の重要性を認識する。(An emphasis on the importance of advocacy and changes in socio-structural, political and economic conditions that disempower, marginalize and exclude people.)

⑤ 人間を中心に据えた発達的アプローチを通して，個人，家族，組織，コミュニティの能力向上とエンパワメントに焦点を当てる。(A focus on capacity-building and empowerment of individuals, families, groups, organizations and communities through a human-centered development approach.)

⑥ サービス利用者について理解しかつその権利を尊重する。(Knowledge about and respect for the rights of service users.)

⑦ 社会文化的な期待があることに十分配慮しつつ，標準的ライフサイクルにおける発達過程の理解を通して問題解決志向の社会化や予期的社会化，及び年齢に伴う影響との関連において予期される課題

や危機を認識する。(Problem-solving and anticipatory socialization through an understanding of the normative development life cycle, and expected life tasks and crises in relation to age-related influences, with due consideration to socio-cultural expectations.)

⑧ すべての人間の強さと潜在可能性を信じ,それらを見出し,認めていく。(The assumption, identification and recognition of strengths and potential of all human beings.)

⑨ "人種",文化,宗教,民族,母語,性,性的指向,障害の有無の多様性を評価し,尊重する。(An appreciation and respect for diversity in relation to 'race', culture, religion, ethnicity, linguistic origin, sexual orientation and differential abilities.)

(3) グローバルアジェンダ

この「グローバルアジェンダ」は各国支部で翻訳され,それらが併記されインターネット上に掲載されている。日本支部の「グローバルアジェンダ」(2012年3月)も提示されている(資料1-5)。

その内の日本語版の中の「私たちのコミットメント」に,以下のように述べている。

>「豊富な社会的取り組みや社会運動を基に,変革・社会正義・人権の普遍的な遂行のために,あらゆるレベルで一致協力するのは今であると,私たちは確信している。私たち,国際ソーシャルワーカー連盟(IFSW),国際ソーシャルワーク学校連盟(IASSW),及び国際社会福祉協議会(ICSW)は,特定の背景の中で形成された過去及び現在の政治・経済・文化・社会秩序が,世界・国・地域コミュニティに不平等な影響を与え,人々に悪影響をもたらしていると認識している。」

資料 1-5　日本のグローバル・アジェンダ

出所：国際ソーシャルワーカー連盟 HP。

そして,「2012年-2016年の間,私達は以下の点に重点を置く」と述べ,以下4つの目標を列挙している。

- 社会的及び経済的平等の促進
- 人々の尊厳や価値の促進
- 環境の持続可能性に向けた取り組み
- 人間関係の重要性への認識強化

また,「私達の組織」の中で,「国際ソーシャルワーカー連盟は,75万を超えるソーシャルワーカーを代表する90カ国のソーシャルワーク全国組織の世界連盟である。国際ソーシャルワーク学校連盟は,ソーシャルワークの理論と実践・社会的サービスの運営・社会政策の制定における質の高い教育・研修・研究を促進する,ソーシャルワークの大学及び50万の学生たちの利益のために発言している」と説明している。

(4) ソーシャルワークのグローバル定義

2014年採択のソーシャルワークのグローバル定義は以下の通りである。4つの文章から構成されている。

① ソーシャルワークは,社会変革と社会開発,社会的結束,および人々のエンパワメントと解放を促進する,実践に基づいた専門職であり学問である。(Social work is a practice-based profession and an academic discipline that promotes social change and development, social cohesion, and

the empowerment and liberation of people.）
② 社会正義，人権，集団的責任，および多様性尊重の諸原理は，ソーシャルワークの中核をなす。(Principle of social justice, human rights, collective responsibility and respect for diversities are central to social work.）
③ ソーシャルワークの理論，社会科学，人文学，および地域・民族固有の知を基盤として，ソーシャルワークは，生活課題に取り組みウエルビーイングを高めるよう，人々やさまざまな構造に働きかける。(Underpinned by theories of social work, social sciences, humanities and indigenous knowledge, social work engages people and structures to address life challenges and enhance wellbeing.）
④ この定義は，各国及び世界の各地で展開してもよい。(The above definition may be amplified at national and/or regional levels.）

1）ソーシャルワークのグローバル定義の枠組み

「ソーシャルワークのグローバル定義」の枠組みは，「定義」(definition)，「注釈」(commentary)，「中核となる任務」(core mandates)，「原則」(principle)，「知」(knowledge)，「実践」(practice) から構成されている。最初に，「定義」が示され，次に，その「注釈」の中で，「グローバル定義」の文章を説明するため，"ソーシャルワーク専門職"(the social work profession) を，その「任務」「原則」「知識」「実践」に分け，それぞれについて詳述している。

2）ソーシャルワーカーの「中核となる任務」

ソーシャルワーク専門職であるソーシャルワーカーの「中核となる任務」に関する理解を深めるため，ここに掲載された各文章の後に，そのキーワードを挙げる。
① 任務としての社会変革とエンパワメント

ソーシャルワーク専門職の中核となる任務には，社会変革・社会開発・社会的結束の促進，および人々のエンパワメントと解放がある。(The social work profession's core mandates include promoting social change, social development, social cohesion, and the empowerment and liberation of people.）

- キーワード

ソーシャルワーカーの中核となる任務（core mandate）
- 社会変革（social change）
- 社会開発（social development）
- 社会的結束（social cohesion）
- 人々のエンパワメントと解放（empowerment and liberation of people）

この文章において，"社会変革"と"エンパワメント"という2つの言葉に強い意味が込められている。専門実践（professional practice/professional service）としてのソーシャルワークと，専門職としてのソーシャルワーカーの歴史的な発展過程において，たとえば，ソーシャル・ケースワークの発展においては，メアリー・リッチモンドの『社会診断』（*Social Diagnosis*），(1917) の本のタイトルに見られるように，医学における「診断」という言葉が使用されている。ある人の病気に対し，医師が診断（diagnosis）し治療（therapy/treatment）をカルテに記録する過程（process/method）を模して，ケースワーカーが，ある人の"社会的困難"（social difficulties）を診断（casework diagnosis）し治療（casework treatment）する過程・方法を，リッチモンドは体系化しようとしたのである。『ソーシャル・ケース・ワークとは何か？』（*What is Social Case Work*），(1922) の中では，ソーシャル・ケース・ワークの目的は，"個人と個人によって"（individual by individual），その人（個人）の"人格を変容すること"（personality change）であると定義している。

つまり，ソーシャルワークの専門性が発展する当初は，伝統的に"医学モデル"であり"病態モデル"であったといわれる。また，そのモデルは，ある人（個人〔case/individual〕）の"健康"に対し"病気"を「診断」し「治療」するように，ケースワークにおいても，ある人（個人）の"社会的状

況"に対し、"社会的困難"を「診断」し「治療」するモデルであり、また、その病気や社会的困難からの、その"人（個人）"の病気からの回復であり、社会的困難の解決を目標とする、"個人変革"（individual change）が目的であった。

　この定義において、ソーシャルワーカーの「中核となる任務」は、"社会変革"（social change）であることを明記している。"個人変革"（individual change）を否定しているのではなく、その"個人変革"は、その"社会変革"と複雑に相互に関係しているということの理解を喚起している。そこで、ソーシャルワーカーの"中核"としての任務は、その"社会"（social）の変革、つまり「社会変革」（social change）にあると述べている。

　「人々のエンパワメントと解放」に関しては、医師がその人の"病気"を見るように、ソーシャルワーカーの任務として、その人の"社会的困難"を「診断」し、「治療」することもあるが、ソーシャルワーカーの"中核"となる任務は、その人の"力"（パワー〔power〕）、あるいは、"強み"（ストレングス〔strength〕）、現在ではそれに加え、その人の"レジリエンス"（resilience）を"見て"（アセスメント）、そして、その"力"を"加える"（エン・パワー〔em-power〕）、また、その"強み"を"強める"（ストレング・スン〔strengthen〕）よう、ソーシャルワーカーは"関わる"（インターベンション／インプリケーション）ということである。その視点とそのモデルにおいて、パラダイム・シフトが見られる。

　「社会変革」と「社会開発」と「社会的結束」に関して、この「社会変革」は、2001年の「ソーシャルワークの定義」の中に、すでに提起されている。2014年の「ソーシャルワークのグローバル定義」では、「社会変革」とともに、「社会開発」（social development）と「社会的結束」（social cohesion）が付け加えられた。「原則」においては、「人権」と「社会正義」に加え、"第1・第2・第3世代の権利"が謳われている。「権利」は、「世界人権宣言」の中においては、基本的には"個人"を原則とするものと考えられてきた。

また,「権利」の考え方については,個人の権利とともに,新たに"グローバル"の視点が加えられている。特に,"第1世代の権利"が"市民的・政治的権利"であったのに対し,"第2世代の権利"では,"社会経済的・文化的権利"が加えられ,そして,"第3世代の権利"においては,"自然界,生物多様性"や,"世代間平等の権利"に,その権利の範囲が拡大して考えられるようになってきた。つまり,従来の"個人の権利"とともに,"集団の権利"の"両方を含んでいる"と明確に宣言しているところに,2001年の「ソーシャルワークの定義」と2014年の「ソーシャルワークのグローバル定義」の違いがある。そこで,"社会経済的・文化的権利"とともに,"自然界,生物多様性""世代間平等の権利"を原則として,「社会開発」と「社会的結束」が,ソーシャルワーク専門職の"中核"となる任務に加えられているのである。

② 実践者であり研究者

ソーシャルワークは,相互に結びついて歴史的・社会経済的・文化的・空間的・政治的・個人的要素が人々のウエルビーイングと発展にとってチャンスにも障壁にもなることを認識している,実践に基づいた専門職であり学問である。(Social Work is a practice profession and an academic discipline that recognizes that interconnected historical, socio-economic, cultural, spatial, political and personal factors serve as opportunities and/or barriers to human wellbeing and development.)

- キーワード
  - 実践(practice)
  - 専門職(profession)
  - 学問(academic discipline)

「ソーシャルワークのグローバル定義」に,「ソーシャルワークは,…(中略)…実践に基づいた専門職であり学問である」と明記されている。つまり,

"実践"を行う"実践者"であるとともに,その実践を通し,新たな知識である理論や技術を"研究"する"研究者"であることの重要さを指摘している。

③ 社会の中の構造的障壁としての不平等・差別・搾取・抑圧

構造的障壁は,不平等・差別・搾取・抑圧の永続につながる。(Structural barriers contribute to the perpetuation of inequalities, discrimination, exploitation and oppression.)

・キーワード

ソーシャルワーカーが変革しようとする社会の中の構造的障壁(structural barrier)

- 不平等(inequality)
- 差別(discrimination)
- 搾取(exploitation)
- 抑圧(oppression)

「ソーシャルワークのグローバル定義」に,「社会正義,人権,集団的責任,および多様性尊重の諸原理は,ソーシャルワークの中核をなす」と明記され,その中でも,最初に「社会正義」がソーシャルワークの原理であることが示されている。ただし,ここで,注意しなければならないことは,この「社会正義」が何か"を議論し,定義しようとしているのではない。ソーシャルワーカーが対処する,現実の「社会の不正義」「社会不正義」が,ここに定義されているのである。つまり,ソーシャルワーカーが,「社会正義」が何か"を議論し,定義することではなく,社会の中にある現実の障壁となる「不正義」,つまり,人権の「構造的障壁」となる"不平等""差別""搾取""抑圧"を明確にし,この社会にあるこれら「構造的障壁」に対処することを,ソーシャルワークの基本原理とすることを明記しているのである。

④ 社会の中の不平等／差別／搾取／抑圧(構造的障壁)の構造的原因と

なる人種・階級・言語・宗教・ジェンダー・障害・文化・性的指向

　人種・階級・言語・宗教・ジェンダー・障害・文化・性的指向などに基づく抑圧や，特権の構造的原因の探求を通して批判的意識を養うこと，そして構造的・個人的障壁の問題に取り組む行動戦略を立てることは，人々のエンパワメントと解放をめざす人の中核となる。(The development of critical consciousness through reflecting on structural sources of oppression and/or privilege, on the basis of criteria such as race, class, language, religion, gender, disability, culture and sexual orientation, and developing action strategies towards addressing structural and personal barriers are central to emancipatory practice where the goals are the empowerment and liberation of people.)

・キーワード

　ソーシャルワーカーが取り組む構造的・個人的障壁（不平等／差別／搾取／抑圧）の構造的原因／要因（structural source）となるもの

- 人種（race）
- 階級（class）
- 言語（language）
- 宗教（religion）
- ジェンダー（gender）
- 障害（disability）
- 文化（culture）
- 性的指向（sexual orientation）

　「ソーシャルワークのグローバル定義」に，「社会正義，人権，集団的責任，および多様性尊重の諸原理は，ソーシャルワークの中核をなす」と明記されている。つまり，社会の中において，不平等・差別・搾取・抑圧（構造的障壁）の構造的原因となる人種，階級，言語，宗教，ジェンダー，障害，文化，性的指向の違いによっておこる社会の中における，不平等，差別，搾取・抑

圧（構造的障壁）は社会不正義であり，人権の侵害であり，多様性の否定を意味する。

⑤ 脆弱な人々抑圧された人々

不利な立場にある人々と連帯しつつ，この専門職は，貧困を軽減し，脆弱で抑圧された人々を解放し，社会的包摂と社会的結束を促進すべく努力する。(In solidarity with those who are disadvantaged, the profession strives to alleviate poverty, liberate the vulnerable and oppressed, and promote social inclusion and social cohesion.)

・キーワード

ソーシャルワーカーが目標とすること

- 貧困を軽減する（alleviate poverty）
- 脆弱で抑圧された人々を解放する（liberate the vulnerable and oppressed people）
- 社会的包摂と社会的結束を促進する（promote social inclusion and social cohesion）

社会の中において，不平等・差別・搾取・抑圧（構造的障壁）の構造的原因となる人種・階級・言語・宗教・ジェンダー・障害・文化・性的指向の違いによって起こる社会の中における，不平等・差別・搾取・抑圧（構造的障壁）を受ける人々を，脆弱な人々・抑圧された人々と呼ぶことがある。

⑥ ソーシャルワーク・インターベンションのレベル

社会変革の任務は，個人・家族・小集団・共同体・社会のどのレベルであれ，現状が変革と開発を必要とするとみなされる時，ソーシャルワークが介入すること，としている。(The social change mandate is based on the premise that social work intervention takes place when the current situation, be this at the level of the person, family, small group, community or society, is deemed to be in need of change and development.)

第Ⅰ部　ソーシャルワーク・プラクティスの基盤

- キーワード

社会変革のソーシャルワーク・インターベンションのレベル
- 個人（person）
- 家族（family）
- 小集団（small group）
- 共同体（community）
- 社会（society）

「ソーシャルワークのグローバル定義」に，「ソーシャルワークは，社会変革と社会開発，社会的結束，および人々のエンパワメントと解放を促進する」と明記されている。これが，ソーシャルワーク・インターベンションである。

⑦　社会の中の周縁化・排除・抑圧を受けている人々

その人々は，周縁化・社会的排除・抑圧の原因となる構造的条件に挑戦し変革する必要によって突き動かされる。(It is driven by the need to challenge and change those structural conditions that contribute to marginalization, social exclusion and oppression.)

- キーワード

ソーシャルワーカーが変革の対象とする社会の中につくられた構造的条件（structural condition）
- 社会の中の人々の周縁化（marginalization）
- 社会の中の人々の排除（social exclusion）
- 社会の中の人々の抑圧（oppression）

先に，ソーシャルワークの基本原理として，「社会正義」が定義されているのではなく，「社会不正義」が定義され，人権の尊重の「構造的障壁」となる不平等，差別，搾取，抑圧が明記されていることを指摘した。ここでは，

その「社会不正義」、つまり、「構造的障壁」となる不平等、差別、搾取、抑圧の理由や原因となりえる、人種、階級、言語、宗教、ジェンダー、障害、文化、性的指向といった人の"違い（ラベル／カテゴリー）"を、ここで明確にし、提起しているのである。これら以外、「構造的障壁」となる他の多くの"人としての違い"が、後述され、議論されることになる。またここから、これら人の"違い"に対し、"多様性尊重"というソーシャルワークの新たな原理へとつながっていくのである。

⑧ 人権と経済・環境・社会正義

社会変革のイニシアティブは、人権および経済・環境・社会正義の増進において人々の主体性が果たされる役割を認識する。(Social change initiate recognize the place of human agency in advancing human rights and economic, environmental, and social justice.)

・キーワード

ソーシャルワーカーが原則とする価値（value）／使命（mission）

- 人権（human right）／人間の尊厳（human dignity）
- 社会正義（social justice）
- 経済正義（economic justice）
- 環境正義（environmental justice）

第2章 ソーシャルワーク・プラクティスの定義・対象

1 ソーシャルワーク・プラクティスの定義

(1) 3つの「過程／方法」の発展
1)「過程／方法」とは何か

ソーシャルワークは，誕生以後，多くの知識や技術が蓄積され，紆余曲折を経ながら発展してきた。まず，ソーシャルワークが誕生し，開始していく時期を第1期として，その歴史を振り返りながら，どのように定義づけられてきたかを見ることから始めよう。メアリー・リッチモンドが1917年に『社会診断(*Social Diagnosis*)』を出版した頃には，「プラクティス」という言葉は，ほとんど使用されていなかった。『ソーシャル・ケース・ワークとは何か』(*What is Social Case Work*) においては，「ソーシャルワーク・ケースワーク」を以下のように定義している (Richmond 1922 : 98-99, 下線筆者)。

> 「ソーシャル・ケース・ワークは，人と人の1対1関係により，人とその社会環境との意識的で効果ある適応を実現することで，その人の人格の成長をはかる過程である。」 *Social case work* consist of those <u>processes</u> which develop personality through adjustments consciously effected, individual by individual, between men and their social environment.

つまり，リッチモンドは「ソーシャル・ケース・ワーク」を"過程"

(process) であると定義している。以下，その後に定義される「ソーシャル・グループ・ワーク」と「コミュニティ・オーガニゼーション」に関する定義についても確認しておこう。

「ソーシャル・ケースワークは，人間福祉機関によって，社会機能における問題を，より効果的に対応することができるよう，個々人を援助する一つの過程（a process）である。」(Perlman 1957，下線筆者)
「ソーシャル・グループ・ワークとは，個人的な問題，集団的な問題，そして地域的な問題に対し，より効果的に対処できるように，目的を持った集団体験を通して，その人の社会的機能を高めるために，個々人を援助するソーシャルワークの方法（a method）の一つである」(下線筆者, Konopka 1963)。
「コミュニティ・オーガニゼーションは，次のことを意味する。ある一つのコミュニティがそのニーズと目標を見出し，そのニーズと目標を順序付け（ランク付け），そのニーズと目標に基づいて働く意欲をつくりだし，そのニーズと目標に必要な（コミュニティ内あるいはコミュニティ外の）資源を見出し，それらに則った活動を開始し，そうすることによって，そのコミュニティの中に協調し協働する態度と実践を広げ発展させていく過程である」(下線筆者, Ross 1955)

以上の定義から，「ソーシャル・ケースワーク」「ソーシャル・グループ・ワーク」「コミュニティ・オーガニゼーション」は「過程」あるいは同義語として「方法」という言葉で定義されている。つまり，「過程／方法(Process/Method)」と定義されていることがわかる。この3つのソーシャルワークの過程／方法を以下のように図式的に示してみよう。●は専門職である「ソーシャルワーカー」，○は，その対象である「クライエント／利用者」，□は，その対象である「集団」「地域」「家族」を各々意味している。

第Ⅰ部　ソーシャルワーク・プラクティスの基盤

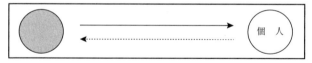

注：ソーシャルワーカーからの専門関係：──▶，クライエントからの関係：◀┅┅（以下同）。

あるいは，その過程／方法を，その対象によって以下のように図示することもできるであろう。

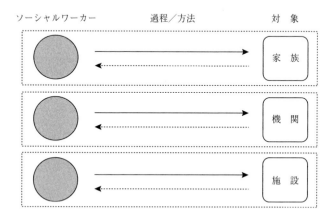

2）「プラクティス」とは何か

以上の「過程／方法」を，〈ソーシャルワーカー〉〈過程／方法〉〈対象〉

の3つの要素として，以下のように概念的にまとめて示すことができるであろう。

ソーシャルワーカー　　　過程／方法　　　　　対　象

そこで，この概略図が示す3つの要素からなる「〈ソーシャルワーカー〉が〈対象〉に関わる〈過程／方法〉」を，ここでは，今後の議論をすすめていくための仮のソーシャルワークの「プラクティス（Practice）」と定義することにする。すると，以下のようなソーシャル・ケースワーク，ソーシャル・グループワーク，コミュニティ・オーガニゼション等の「プラクティス」が，1910～1970年に北米において発展し，分化してきたといえる。

ソーシャル・ケースワーク・プラクティス

ソーシャル・グループ・ワーク・プラクティス

コミュニティ・オーガニゼーション／コミュニティ・ワーク・プラクティス

（2）3つの「過程／方法」の専門分化と乖離

以上述べてきたように，ソーシャルワークは，ソーシャル・ケースワーク，

ソーシャル・グループワーク，あるいは，コミュニティ・オーガニゼーションとして，それぞれに定義され，その専門性と専門職が発展してきたという経緯がある。また，各々が専門の分野を主張しはじめ，分野ごとの専門性が強調されることとなった。

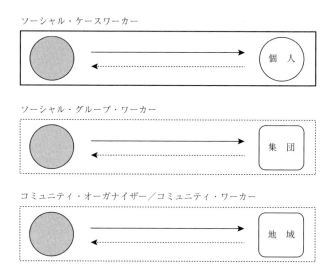

（3）ソーシャル・ケースワークとソーシャル・グループワークとコミュニティ・ワークの発展と乖離

前述したリッチモンドの『社会診断』と『ソーシャル・ケース・ワークとは何か？』では，"ケース（Case）" と "ワーク（Work）" は分離して使われている。その後，"ケースワーク（Casework）" として統一され，"ソーシャル・ケースワーカー" として専門職アイデンティティが確立してくる。その発展と並行し，"ソーシャル・グループ・ワーク（Social Group Work）" や "コミュニティ・ワーク／コミュニティ・オーガニゼーション（community Work／Community Organization）" と，その専門職としての "ソーシャル・グループワーカー" "コミュニティ・ワーカー／コミュニティ・オーガナイ

ザー (Community Worker / Community organizer)"等が誕生する。たとえば，1955年にロスの『コミュニティ・オーガニゼーション』，1963年に，コノプカの『ソーシャル・グループ・ワーク』が出版された。。

その後の発展の中で，3つの方法にもとづく専門職とそれぞれの専門職団体の成立とともに，それらの間に乖離が起きるようになる。特に，ケースワーカーの専門化と，慈善団体の友愛訪問員等による貧困者や社会的弱者へのかかわりという本来のソーシャルワークの使命が希薄になり，神経症者治療へのかかわりが増えるようになり，"小さな精神科医"とケースワーカーが揶揄されることもあった。また「方法」による乖離とともに，医療，児童，その他の「分野」による専門性や専門職の乖離も見られるようになった。

(4) 3つの「過程／方法」の統合化

1) 3つの「過程／方法」の選択

その進展の中で，ソーシャルワーク本来の専門性や，その専門職としてのアイデンティティ（同一性）が失われそうになった。そこで，3つの過程／方法の統合化が考えられるようになった。1人のソーシャルワーカーが3つの「過程／方法」を選択 (eclectic) 的に「プラクティス」を行うというものである。

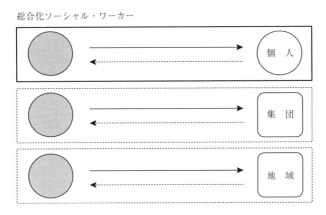

総合化ソーシャル・ワーカー

第Ⅰ部　ソーシャルワーク・プラクティスの基盤

　3つの過程／方法の統合化されたソーシャルワーク過程については，図2-1（次頁）のように図示することができる。

（5）ソーシャルワーク・プラクティスの発展

　その後に，「ソーシャル・ケース・ワーク」「ソーシャル・グループ・ワーク」「コミュニティ・オーガニゼーション／コミュニティ・ワーク」といった名称中の"ケース""グループ""コミュニティ"という言葉が取れて「ソーシャル・ワーク」となり，その言葉に「プラクティス」を付けて「ソーシャル・ワーク・プラクティス」（ここでは，「ソーシャルワーク・プラクティス」とする）と呼ばれるようになった。

（6）ソーシャルワーク・プラクティスの共通基盤

　ソーシャルワークの"共通基盤"の重要性を指摘したのが，1970年，NASW（全米ソーシャルワーカー協会）から出版されたバートレットの『ソーシャルワーク・プラクティスの共通基盤（*The Common Base of Social Work*）』である。この本で重要な柱は，ソーシャル・"ケース"・ワーク，あるいは，ソーシャル・"グループ"・ワーク，あるいは，"コミュニティ"・ワークといった，「ソーシャル」と「ワーク」の間にある，ケース（個別），グループ（集団），コミュニティ（地域）といった文言を取って，「ソーシャルワーク」と1つの言葉にまとめ，これは一つの専門性をもつものであり，ソーシャルワーカーは，専門職であることを示そうとしたことにある。その"共通基盤"（the common base）を共有するかぎり，それは一つのまとまった方法であり，一つの専門性であり，一つの専門職であり，それを「ソーシャルワーク」「ソーシャルワーカー」と呼ぶことができると定義したことにある。一つの専門家である「ソーシャルワーカー」の，その実践を，それぞれ"ケース・ワーク""グループ・ワーク""コミュニティ・ワーク"と呼ぶのではなく，「ソーシャルワーク・プラクティス（Social Work Practice）」と一言で呼ぶ

第2章 ソーシャルワーク・プラクティスの定義・対象

図2-1　3つの過程／方法の統合化されたソーシャルワーク過程

ソーシャルワーク・プラクティス前

ソーシャルワーク・プラクティス開始

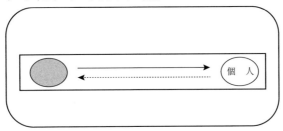

ソーシャルワーク・プラクティス完了

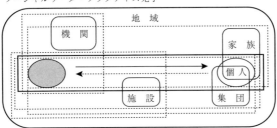

ソーシャルワーク・プラクティス後

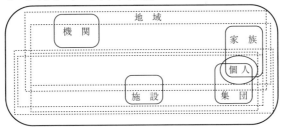

ことに統一したのである。次に重要なことは、その共通基盤に、「（専門）知識」（〔Professional〕Knowledge）とともに、「（専門）価値」（〔Professional〕Values）をソーシャルワークとソーシャルワーク・プラクティスの「原理／原則」（Principle）とし、その重要性を指摘したことである。

また、『ソーシャルワーク実践の共通基盤』の付録には、「ソーシャルワーク実践の定義に関する起案」が提示されている。その定義の起案を提示するにあたって、その序文において、次のように述べている（Bartlet 1970：221）。

> 「ソーシャルワーク・プラクティスは、他の専門職の実践と同じように、価値（value）、目的（purpose）、認可（sanction）、知識（knowledge）、そして方法（method）の総体（constellation）として理解されるものである。その一部からだけでは、ソーシャルワーク実践の本質を示すことはできない。しかし、ここで述べられるそれぞれの部分はソーシャルワークに不可欠なものである。」

つまり、"ソーシャルワーク・プラクティス"を構成する部分、たとえば、"方法""理論""技術""分野"等の一つを取り出し、"……理論がソーシャルワーク・プラクティスである！"、"……技術がソーシャルワーク・プラクティスである！"、あるいは"……分野がソーシャルワーク・プラクティスである！"ということはできない。ソーシャルワーク・プラクティスはいくつかの部分からなる"総体"（constellation）である。それぞれの部分は、ソーシャルワークにとって、不可欠である。一つの部分だけを取り出し、定義しようとすると、それは本質からかけはなれたものとなる。ソーシャルワーク・プラクティスを定義するための複合的な側面とは、以下の6つであると述べている（Bartlet 1970）。

1．価値（Value）

2．目的（Purpose）
3．認可（Sanction）
4．知識（Knowledge）
5．方法（Method）
6．教育，研究，管理（Teaching, Research, Administration）

　つまり，「ソーシャルワーカー」は，ケースワークの専門家である「ケースワーカー」，グループワークの専門家である「グループワーカー」，コミュニティワークの専門家である「コミュニティワーカー」といった〈方法〉によって"乖離"する専門家ではなく，あるいは，「児童ソーシャルワーカー」「医療ソーシャルワーカー」「学校ソーシャルワーカー」「高齢者ソーシャルワーカー」といった〈分野〉で"乖離"する専門家ではない。方法や分野における「スペシャリスト」として専門性（プロフェッション）で"乖離"するのではなく，その〈方法〉や〈分野〉にかかわらず，その「専門価値」「専門機能」「専門知識」「専門技術」を共通基盤（common base）とする「ジェネラリスト」としての"ソーシャルワーク専門家（プロフェッショナル）"がソーシャルワーカーである，という考え方が発展してきたのである。

（7）ソーシャルワーク・プラクティスの統合化と理論の発展

　その後1970年から1980年まで，"ソーシャルワーク・プラクティスの統合化（integration）"が進み，その統合化のための多くの多様な理論，モデル，アプローチ，パースペクティブ等が提案されることとなった。たとえば，システム理論やエコロジカル（生態学的）・モデルに基づくソーシャルワーク・プラクティスが提案され，その後の大きな発展が見られる。1976年のメイヤーの『ソーシャルワーク・プラクティス 第2版（*Social Work Practice : The Changing Landscape*〔*2nd Edition*〕）』は，その発展の路に立つ金字塔の一つであろう。1973年，ピンカスとミナハンは，『ソーシャルワーク・プラク

ティス――モデルと方法 (*Social Work Practice : Madel and Method*)』を出版した。そして1980年,ジャーメインとギッターマンはエコロジカル・モデルを取り入れた『ソーシャルワーク・プラクティスのライフモデル (*The Life Model of Social Work Practice*)』を出版した。

1981年,NASW は,"ソーシャルワーク・プラクティスとは何か"を示す基準として,『ソーシャルワーク・プラクティスの分類のための NASW 基準:方策 4 (*NASW Standards for the Classification of Social Work Practice*, Policy statement 4)』を出版した。この本の骨子である「ソーシャルワーク・プラクティスの定義」と「ソーシャルワーク機能のまとめ」は以下の通りである。

ソーシャルワーク・プラクティスの定義

ソーシャルワーク・プラクティスは,以下,4つの目標を実践する専門的で責任あるインターベンション (professionally responsible intervention) からなる。

①人々の成長,問題解決,対応力 (coping capacity) の強化。②人々へ社会資源とサービスを提供している効果的で人間的な多数のシステム/制度の活動 (operation of systems) の促進。③社会資源,サービス,機会を人々へ提供している多数のシステム/制度と人々を結びつけること。そして,④社会政策 (social policy) の発展と改善への貢献。

インターベンションは,個人,家族,小グループ,組織,近隣,そしてコミュニティに対して行われる。

それら(上記①〜④)は,人々のウエル・ビーイングに直接,あるいは間接に影響している広い範囲の問題に対する知識と技術の訓練を受けた応用を含んでいる。

専門職として,そして社会の承認から課される倫理的規範の範囲内におい

て，専門職であるソーシャルワーカーの組織的ネットワークを通して，それぞれ異なったレベルに応じた知識と技術が用いられる。

これらの規範の中で，インターベンションは，ヒューマン・サービスの一部として，他の援助専門職や組織と協働して行われる。

ソーシャルワーク機能のまとめ

目標①　人々の成長，問題解決，対応力の強化

機能（Functions）
　　アセスメント（Assessment）
　　ダイアグノシス（Diagnosis）
　　発見／確認（Detection/Identification）
　　支持／支援（Support/Assistance）
　　助言／カウンセリング（Advice/Counseling）
　　アドボケート（Advocate）
　　エネイブリング（Enabling）

目標②　人々へ社会資源とサービスを提供している効果的で人間的な多数のシステム／制度の活用の促進

機能（Functions）
　　依頼（Referral）
　　組織化（Organizing）
　　動員（Mobilization）
　　交渉（Negotiation）
　　取り交わし（Exchange）

目標③　社会資源，サービス，そして機会を人々へ提供している多数のシ

第Ⅰ部　ソーシャルワーク・プラクティスの基盤

ステム／制度と人々を結びつけること

機能（Functions）
　　アドミニストレーション／マネージメント（Administration/Management）
　　プログラム開発（Program Development）
　　スーパービジョン（Supervision）
　　コーディネーション（Coordination）
　　コンサルテーション（Consultation）
　　エバリュエーション（Evaluation）
　　スタッフ・ディベロップメント（Staff Development）

目標④　社会政策の発展と改善への貢献

機能（Functions）
　　ポリシー・アナリシス（Policy Analysis）
　　プランニング（Planning）
　　ポリシー・ディベロップメント（Policy Development）
　　レビューイング（Reviewing）
　　ポリシー・アドボカシー（Policy Advocacy）

（8）2000年以降のソーシャルワーク・プラクティスの発展

　2000年以降，ソーシャルワーク・プラクティスは大きく発展する。以下，その進展を年代順に解説する。

　シーフォーとホレイスは，『ソーシャルワーク・プラクティスの技術とガイドライン（Techniques and Guidelines for Social Work Practice（6th Edition））』の中で，ソーシャルワーカーの機能と役割をまとめている。以下は，この役割と機能をまとめたものである（Sheafor & Horejsi 2003：55-67）。

第2章 ソーシャルワーク・プラクティスの定義・対象

ソーシャルワーカーによって遂行される役割と機能

1. ブローカー（The Social Workers as Broker）
2. アドボケーター（The Social Workers as Advocate）
3. ティーチャー（The Social Workers as Teacher）
4. カウンセラー／クリニシャン（The Social Workers as Counselor / Clinician）
5. ケース・マネージャー（The Social Workers as Case Manager）
6. ワークロード・マネージャー（The Social Workers as Workload Manager）
7. スタッフ・ディベロッパー（The Social Workers as Staff Developer）
8. アドミニストレーター（The Social Workers as Administrator）
9. ソーシャル・チェンジ・エージェント（The Social Workers as Social Change Agent）
10. プロフェショナルとして（The Social Worker as Professional）

また，この中の4つの主な専門的役割（professional role）の定義は，以下の通りである（Sheafor & Horejsi 2003：55-67）。

4つの主な専門的役割の定義

1. ブローカー
    目　的：クライエントと適切なヒューマン・サービスと他の社会資源をつなぐ
    機　能：・社会資源の評価
    　　　　・依頼
    　　　　・サービス・システム間のリンケージ
    　　　　・情報提供

2. アドボケーター
    目　的：個々のクライエントあるいはクライエント・グループに否定

的影響を与えているプログラムと政策を変えるため,コーズ(cause)を積極的に支持し,社会資源とサービスを受ける権利をもつクライエントをアシストする(assist)

機　能：・クライエントあるいはケース・アドボカシー
　　　　・クラス・アドボカシー

3. ティーチャー

目　的：社会的な機能を高め,問題を予防するために必要な知識と技術をクライエント,あるいは一般社会に用意する(prepare)

機　能：・社会的,日常的,生活技能(Social and Daily Living Skill)を教える
　　　　・行動変容(Behavior)を促進する(facilitate)
　　　　・初期的予防(Primary Prevention)

4. カウンセラー／クリニシャン

目　的：問題状況に対処することを学び,行動を変え(modify),気持ち(feeling)をより理解するよう援助することで,クライエントの社会的機能を改善していけるようクライエントを援助する

機　能：・心理社会的・アセスメントとダイアグノシス(Psychosocial Assessment and Diagnosis)
　　　　・現状を維持する支援(Ongoing Stabilizing Care)
　　　　・ソーシャル・トリートメント(Social Treatment)
　　　　・プラクティス・エバリュエーション(Practice Evaluation)

(9) ソーシャルワーク・プラクティスの教育・訓練

ソーシャルワークは,20世紀の初頭,膨大な移民が主にヨーロッパ各地か

第 2 章　ソーシャルワーク・プラクティスの定義・対象

らカナダ，アメリカに押し寄せて，北米の各地で貧困問題，社会問題が多発した頃の慈善組織とその活動が誕生の契機と考えられる。ソーシャルワーカーは，ソーシャルワーク・プラクティスとして専門サービスを担うようになっていき，専門訓練・教育の進展と，その教育機関の整備が行われていった。そして，専門知識，専門技術が体系化され，専門価値の確認がなされてきた。専門職団体の発展とともに，NASW による「ソーシャルワークの倫理綱領」の原型が確立した。教育に関しては，CSWE（全米ソーシャルワーク教育協議会）による，ソーシャルワーク専門教育に関する「教育方針と認可基準」が設定され，教育体系の基準が認識されるようになってきた。ソーシャルワーク・プラクティスの教育・訓練に関する教育方針とアクレディテーションが，CSWE によって提出され，2008年に承認され，2010年3月に改訂された。CSWE がまとめた「ソーシャルワーク教育方針と認可基準」(Educational Policy and Accreditation Standards: EPAS, 以下「方針と基準」）の重要な部分は以下の通りである。

　「CSWE は，ソーシャルワーク学士号（BSW）とソーシャルワーク修士号（MSW）を認可するため，以下の教育方針と認可基準（EPAS）を用いる。（後略）
［教育方針］
1．教育の使命と目標
　1.0　使命と目標
　各学校の掲げるソーシャルワーク教育プログラムの使命と目標は，専門性（profession）の修得を目的とすること，専門価値（professional values）（教育方針1・1）を基盤とすることを明記し，その地域の教育プログラム背景（Program Context）（教育方針1・2）を反映したものである。
　1.1　価値
　　貢献（service），社会正義（social justice），人間の尊厳（the dignity and

worth of the person), 人間関係の重視 (the importance of human relationships), 誠実 (integrity), 専門力量 (competence), 人権 (human rights), 科学的研究 (scientific inquiry) が, ソーシャルワークの核 (コア) となる価値である。これらの価値は, 中心的カリキュラム (Explicit Curriculum) と補完的カリキュラム (Implicit Curriculum) の基礎であり, すべての人々を尊重し, 社会的・経済的正義を追求する専門職として遂行する責務の基本である。

1.2 教育プログラム背景

教育プログラム背景とは, 教育プログラムが位置するその地域のもつ使命, その場に関連する利点やニーズを意味する。さらに, 教育プログラムはそれぞれの地域の歴史, 政治, 経済, 社会, 文化, 人口構成, そしてグローバルな背景を反映したものである。(後略)

2. 中心的カリキュラム (Explicit Curriculum)

2.0 ソーシャルワーク・カリキュラムとソーシャルワーク専門実践

中心的カリキュラムは, 公的な教育制度に基づいた教育プログラムであり, そのコースとカリキュラムからなる。ソーシャルワーク教育はリベラルアーツを基本とし, 専門カリキュラムのための基礎となるものであり, その発展を方向づけていくものである。中心的カリキュラムとは, 学部レベルと修士の基礎レベルと上級レベルのカリキュラムを計画的に実施していくことで, 専門力量を修得するためのものである。BSW カリキュラムは, 専門力量の核 (the core competencies) を修得することを通して, ジェネラリスト・ソーシャルワーク実践 (generalist practice) (教育方針 B 2・2) のための卒業生を送り出すことである。MSW カリキュラムは, 専門分野を特化した行動と知識を加え, 専門力量の核の修得を通して, 上級・ソーシャルワーク実践 (advanced practice) (教育方針 M 2・2) のための卒業生を送り出すことである。

第2章 ソーシャルワーク・プラクティスの定義・対象

2.1 専門力量の核(コア)

2.1.1 専門職ソーシャルワーカーとして自覚し，それに相応しい行動がとれる教育を行う。

2.1.2 ソーシャルワークの倫理原則を応用し，専門実践が行える教育を行う。

2.1.3 批判的考え方 (critical thinking) を応用し，専門的判断が行える教育を行う。

2.1.4 多様性と個々の違いを尊重する実践が行える教育を行う。

2.1.5 人権と社会・経済正義を発展する実践が行える教育を行う。

2.1.6 リサーチに裏づけられた実践 (research-informed practice) と実践に裏づけられたリサーチ (practice-informed research) が行える教育を行う。

2.1.7 人間行動と社会環境についての知識の応用が行える教育を行う。

2.1.8 社会・経済的ウエルビーイングを発展し，効果的ソーシャルワーク・サービスを行き渡らせる政策実践 (policy practice) に参加が行える教育を行う。

2.1.9 教育プログラム背景を配慮した実践が行える教育を行う。

2.1.10(a)(d) 個人，家族，集団，組織，地域への参画 (engage)，評定 (assess)，介入 (intervention)，評価 (evaluation)

2.1.10(a) 参画

ソーシャルワーカーは，

- 個人，家族，集団，組織，地域への実質的，効果的活動を用意し，共感と対人関係技術を活用し，
作業 (work) とその結果についての相互確認 (mutually agreed-on) を発展させる。

2.1.10(b) 評定

ソーシャルワーカーは,
クライエントの事実 (data) を集め, 組織化し, 解釈し,
クライエントの強み (strength) と限られたもの (limitations) を評定し,
目的と目標の相互理解, 確認を発展させ,
適切な介入計画 (intervention strategies) を選択する。
2.1.10(c) 介入
ソーシャルワーカーは,
組織的目標を達成する活動を開始し (initiate),
クライエントの能力を高める初動的介入を行い (implement),
問題をなくしていけるようクライエントを援助し (help),
その進展とその終結へと支援 (facilitate) する。
2.1.10(d) 評価
ソーシャルワーカーは,
改革的 (critically) に分析し, 記録し, 評価する介入を行う。
B2.2 ジェネラリスト・ソーシャルワーク実践 (Generalist Practice)
(訳注:ここでは, Bachelor of Social Work〔B.S.W.〕を意味する。)
M2.2 上級・ソーシャルワーク実践 (Advanced Practice)
(訳注:ここでは, 大学院修士レベルのソーシャルワーク教育〔Master of Social Work〔M.S.W.〕〕を意味する。)
2.3 ソーシャルワーク実習 (Field Education) (後略)

　この「方針と基準」の特徴は, 時代や社会状況の変化を考慮して「ソーシャルワークの専門性とは何か」「ソーシャルワーカーとしての専門職の教育・訓練とは何か」といったことを, ソーシャルワーク専門教育・養成機関に所属する教育者・研究者が「協議会」を通して,「教育方針」と「認可基準」としてまとめたものである。この「方針と基準」は, ソーシャルワークの専門教育・養成機関と認められるかどうか, その教育・訓練内容を"査

定"し，その設置を"認可"するための基準となる。認可された学校だけが卒業時に，大学院の「修士号（Master）」や学部の「学士号（Bachelor）」の学位（degree）に，"ソーシャルワーク（Social Work）"を付与し，Master of Social Work（M.S.W.）と Bachelor of Social Work（B.S.W）として、その学位を授与することができる。この教育方針の中で特筆すべき点として，「専門職教育・訓練（professional education/training）を使命と目標とする」「専門教育・訓練において専門価値・倫理（professional values and ethics）を重視する」点が挙げられる。

2　ソーシャルワーク・プラクティスの対象

（1）ソーシャルワーク・プラクティスの対象としての「多様性」

「ソーシャルワーク教育方針と認可基準」の中に，「人々を社会的弱者の（社会の周辺の，『略奪された』『傷つきやすい』）地位に置き続ける政策と構造的条件」とある。そのことを，「多様性」（Diversity）という言葉を使って述べているものに，アップルビーらの『多様性，抑圧，そして社会的機能――PIA・アセスメントとインターベンション』（Appleby et al. 2007 *Diversity, Oppression, and Social Functioning: Person-in-Environment Assessment and Intervention*）』がある。本書は，「多様性のある，そして抑圧されている人々」に関して書かれたものであるとともに，「その人々とともに行うソーシャルワーク・プラクティス」について書かれている点である。

本書の基本的枠組みについては，アップルビー（Appleby）らの書籍中の「第1章　多様性のある，そして抑圧を受けているクライエントともに行う実践の枠組み（Framework for Practice with Diverse and Oppressed Clients）」（Appleby et al. 2007：1-15）の中にまとめられている。その視点とは，以下のものである。

第Ⅰ部　ソーシャルワーク・プラクティスの基盤

1．実践のための理論（Theory for Practice）
2．実践のためのエコロジカルな枠組み（ecological Framework for Practice）
3．多様性とストレングスの視点（Diversity and Strength Perspective）
4．価値を基盤とする実践（Value Base for Practice）
5．アセスメントとインターベンションを関連させた枠組み（Assessment and Intervention Framework）

そして，目次は以下のようにその内容を端的に示している。

第1章　多様性と社会的に抑圧されたクライエントのための枠組み（Framework for Practice with Diversity and Oppressed Clients）
第2章　文化，社会階級，そして社会的アイデンティティ・ディベロップメント（Culture, Social Class, and Social Identity Development）
第3章　エスニック・アイデンティティ・ディベロップメント（Ethnic Identity Development）
第4章　抑圧と差別のダイナミックス（Dynamics of Oppression and Discrimination）
第5章　レイシズム——アフリカ系アメリカ人とカリビア諸島から来た人々（Racism: African Americans and Caribbean Islanders）
第6章　女性とセクシスト・オプレッション（Women and Sexist Oppression）
第7章　ラテン系の人々へのマルティ・ダイバーシティの視点——抑圧と社会的機能の論点（A Multidiversity Perspective on Latinos: Issues of Oppression and Social Functioning）
第8章　ネイティブ・アメリカンの人々——抑圧とソーシャルワーク・プラクティス（Native Americans: Oppression and Social Work Practice）
第9章　アジア系アメリカ人——エスノセントリズムと差別（Asian

Americans: Ethnocentrism and Discrimination）

第10章　レスビアン，ゲイ，バイセクシュアル，トランスジェンダーの人々へのヘテロ・セントリズム，ヘテロ・セクシズム，そしてホモ・フォビア（Lesbian, Gay, Bisexual, and Transgender People Confront Heterocentrism, Heterosexism, and Homophobia）

　　エイブリズム──身体的障害をもつ人々とのソーシャルワーク・プラクティス（Ableism: Social Work Practice with Individuals with Physical Disabilities）

第11章　レリジャス・ビゴトリイと宗教的少数者（Religious Bigotry and Religious Minorities）

第12章　エイブリズム──精神的，感情的なチャレンジを抱えている人々（Ableism: Mentally and Emotionally Challenged People）

第13章　移民の人々へのソーシャルワーク・プラクティス（Social Work Practice with Immigrants）

第14章　アピアランスに対する差別（Appearance Discrimination）

第15章　文化的な多様性と社会的に抑圧されている人々とのアファーマティブ・プラクティス（Affirmative Practice with People who are Culturally Diverse and Oppressed）

　この項目の中の表現において，注目しなければならないことがある。その一つが，「エイブリズム」という言葉である。それは，"何ができないか"（Dis-able）という視点，あるいは，"損傷"（Impairment）といった"できない人"を意味する「障害（者）」（Disables）に対し，"何ができるか"（Able）に着目した言葉として，"できる人"を意味する「できる（者）」（Ableism）という言葉が，ソーシャルワーク・プラクティスにおいて強調されてきたことによる。

　ソーシャルワーク・プラクティスの中において，"People, First!"，あるい

は,"A Person, First!"といわれるようになってきた。つまり,"人"や"人々"を「先に」(First!) 見なさいということである。日本語では「障害者」,つまり,"障害"を先に見て,"者"(人) が後にくる。その人の"できないこと"である"障害"を先に考え,たとえば"障害の程度が何級か"といった判断をし,多くのことが"できる"(Able) であろうその"人(者)"の方が,後にくる。その人の"できることは何か"は見ないで,その判断がされないこともある。そうではなく,まず"人々"(People),"人"(Person),"個人"(Individual) を先に見て,"何ができるか""何をしたいか""その人の将来の夢は何か"といった"多くのことができる(その)人"(Ableism) を先に見て,その人の一部である,その人が"もっている"(with) その"障害"(disability) を後にもってくる表現,つまり"A Person with…""Individual with…"といったように表現される。ここでは,"Individuals with Physical Disability"と書かれている。

(2) ソーシャルワーク・プラクティスの対象としての「不正義」「不平等」「社会参加への壁」——国際ソーシャルワークの視点から

前述した「ソーシャルワークの教育方針と認可基準」の中に,ソーシャルワーカーは「社会に存在する社会参加への壁,不平等,不正義に対して立ち向かう」という文章がある。「不正義」「不平等」「社会参加への壁」を,グローバル・プロフェッションとしての国際ソーシャルワークの視点からまとめたものに,ヒーリーとリンクの『国際ソーシャルワークのハンドブック——人権,ディベロップメント,そしてグローバル・プロフェッション』(*Handbook of International Social Work : Human Rights, Development, and the Global Profession*) がある。11セクションから構成されているが,ソーシャルワーク・プラクティスの対象を理解するために,以下,第1,第3,第4セクションの項目を列挙する。他のセクションとして,たとえば,歴史,ソーシャルワーク問題,各種国際団体と組織,教育と研究等の項目があるが,こ

第2章 ソーシャルワーク・プラクティスの定義・対象

こでは特に関連するものとして,この2つを取り上げることにする。

第1セクション——国際ソーシャルワークの基礎理論と概念

1. 国際ソーシャルワークを定義する(Defining International Social Work)
2. グローバリゼーション(Globalization)
3. ディベロップメント(Development)
4. 理論とプラクティスとしてのソーシャルワークのための人権とレレバンス(Human Rights and Their Relevance for Social Work as Theory and Practice)
5. 社会的なエクスクルージョンとインクルージョン(Social Exclusion and Inclusion)
6. 社会正義(Social Justice)

第3セクション——国際ソーシャルワーク・プラクティス

1. 移民と難民への働きかけ(Work With Immigrants and Refugees)
2. 国際養子縁組(International Adoption)
3. トラウマ・カウンセリング(Trauma Counseling)
4. 国際ソーシャル・サービス——国内ケースワークのニーズ対応(International Social Service: Addressing the Need for Intercountry Casework)
5. ソーシャル・ディベロップメントとソーシャルワーク(Social Development and Social Work)
6. 災害への救援とマネージメント——準備,対応,そして復興(Disaster Relief and Management: Readiness, Response, and Recovery)
7. 国連と他の国際委員会におけるソーシャルワーク代表(Representing Social Work at the United Nations and Other International Bodies)

第Ⅰ部　ソーシャルワーク・プラクティスの基盤

8. グローバルな範囲でのコミュニケーションとプラクティスの文化的有効性（Cultural Efficacy in Communication and Practice in Global Context）
9. 文化的葛藤と対立の解消（Cultural Conflict and Conflict Resolution）

第4セクション——グローバル・ソーシャル・イシュー

1. グローバル高齢化（Global Aging）
2. 児童虐待とネグレクト（Child Abuse and Neglect）
3. 児童労働と仕事（Child Labor and Work）
4. 子どもの兵隊（Child Soldiers）
5. ストリート・チルドレン（Children in and of the Street）
6. コミュニティ・バイオレンス（Community Violence）
7. ドラッグ——依存と売買（Drugs: Addictions and Trafficking）
8. 就労，失業，そして適切な仕事（Employment, Unemployment, and Decent Work）
9. 環境破壊と保全（Environmental Degradation and Preservation）
10. エスニック・コンフリクト（Ethnic Conflict）
11. HIV/AIDS——グローバルな流行（HIV/AIDS: The Global Pandemic）
12. 人身売買（Human Trafficking）
13. 先住民と文化保存（Indigenous People and Cultural Survival）
14. グローバル・メンタル・ヘルス（Global Mental Health）
15. 移住と難民（Migration an Refugees）
16. 自然と人間による災害（Natural and Human-Caused Disasters）
17. 貧困とヒューマン・ニーズ（Poverty and Human Needs）
18. レイシズムとアンチ・レイシスト対策（Racism and Antiracist Strategies）
19. SARS——グローバル保健への脅威（SARS: A Case of a Global Health

第2章 ソーシャルワーク・プラクティスの定義・対象

　　　Threat）
　20. 女性の地位（Status of Women）
　21. 退役軍人と軍人家族（Veterans, Soldiers, and Military Families）
　22. 女性への暴力（Violence Against Women）
　23. 青年問題（Youth）

　ここで重要なことは，ソーシャルワーク・プラクティスの対象が，ソーシャルワーカーのいる国（A Nation/Country）の中の「国民」（The People）から，自国を含めた世界（International/Global）の中の「人々」（People）へと，視点や考え方を変換しなければならないことである。
　ソーシャルワーク・プラクティスの対象は，一般に，ソーシャルワーカーがいる国の人々，つまり「国民」であり，それをAさん，Bさん，Cさんとする（図2-2）。そして，ソーシャルワーク・プラクティスの対象になりえる人は，Aさんのようにすべての国民ではなく，国民の中でも限られたBさんであり，Cさんであると考えることができる。また，Bさんは，国の福祉制度や社会サービスの対象になりえる人であるが，Cさんは，国の福祉制度や社会サービスの対象から外れるかもしれない。しかし，ソーシャルワーク専門職として，ソーシャルワーク・プラクティスの対象になりえる。DさんとEさんは，いわゆる「国民」ではない。しかし，その「国民」（The people）を意味する"The..."を取って，「人々」（People）とし，あるいは，ひとりの「人」（A person）ひとりの「人間」（human-being）として，ソーシャルワーカーの専門性である，専門価値，専門機能，専門知識，専門技術に基づくソーシャルワーク・プラクティスの対象へと，視点，考え方の変換，あるいは，価値の多様性が，ソーシャルワーカー自身に求められる。"グローバルスタンダード"，あるいは"インターナショナル・ソーシャルワーク"とは，ソーシャルワーク・プラクティスの対象を，"The People"から，

第Ⅰ部　ソーシャルワーク・プラクティスの基盤

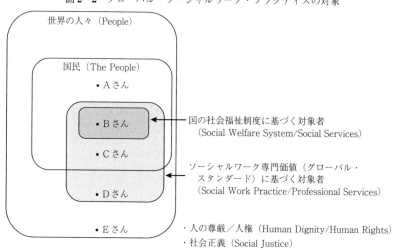

図2-2　グローバル・ソーシャルワーク・プラクティスの対象

"The"を取った"People"，あるいは"A Person"や"Human-being"としていこうとするところにある。

（3）ソーシャルワーク・プラクティスの対象としての
　　「脆弱」と「レジリエント」

「慈善」（charity）を起源とするソーシャルワーカーは，ソーシャルワーク・プラクティスの対象が「弱者」であると考えることがある。友愛訪問員（friendly visitors）であり，後の専門職としてのソーシャルワーカーは"強き者"であり，その援助を受ける対象者を"弱き者"としてとらえられることがある。前述した「ソーシャルワークのグローバル定義」の中に，ソーシャルワーカーは，「社会の周辺に追いやられている人々，社会的に排除されている人々，貧困にある人々，社会的に脆弱で危機に瀕している人々が社会に参加できるように支援する」とある。しかし，この"人々"（People）は，「弱き人々」ではない。このことを議論しているものに，ギッターマンがいる。ギッターマンは，1991年に『脆弱である人々とのソーシャルワーク・プ

ラクティス・ハンドブック』(*The Handbook of Social Work Practice with Vulnerable Populations*) を出版した。その後,初版を書き換えて,2001年に『脆弱でありレジリエントな人々とのソーシャルワーク・プラクティス・ハンドブック 第2版』(*Handbook of Social Work Practice with Vulnerable and Resilient Populations* [2nd Edition]) を出版した。タイトルは初版では,"*Vulnerable Populations*" だけであったが,第2版では,"*Vulnerable and Resilient Populations*" と,初版にはない "*Resilient*" を付け加えたのである。

その理由について,ギッターマンは,第2版の「はじめに」のところで,次のように書いている (Gitterman 2001:xv)。

> 「1991年に発行された『脆弱である人々とのソーシャルワーク・プラクティス・ハンドブック』は,私たちが対象としているクライエント (client population) の多くの部分が直面している困難さや脆弱な環境に焦点を合わせた」。

そして,その人々は「最も脆弱 (vulnerable) であり,力のない (powerless) 人々」呼ばれた。初版では,「弱きもの」や「力ないもの」の抱える "深刻な問題" (debilitating problems) に焦点化した。その例として,以下のものを挙げている。

飢え (hunger)
ホームレス (homelessness)
AIDS (AIDS)
家族内／地域内暴力 (family and community violence)
心的外傷体験としての喪失 (traumatic losses)
精神的な病気 (the consequences of mental illness)

発達的困難(developmental difficulties)
刑務所への入所(imprisonment)
失職(job loss)

初版では,この"深刻な問題"は取り上げたが,それに対して,人々が,"どのように"対処し"(cope),"どのように生き抜こう(survive)としたか"という側面について述べなかったことを,ギッターマンは反省している。ソーシャルワーク・プラクティスの従来の理論的アプローチは"個人的病理"(individual pathology)に焦点化したものが多い。"病理"や"弱さ"といった側面だけでなく,クライエントが持つ"人間体験のもう一つの次元"に焦点を当てるべきであることを,第2版の中で強調している。その"人間体験のもう一つの次元"とは,以下のものである。

活用可能な社会資源(resourcefulness)
強さ(strength)
対応力(coping)
勇気(courage)
回復力(recovery)

個人の病理に焦点化するだけでなく,"人間体験のもう一つの次元",つまり,その人々の"強さ""対応力""回復力"等,つまり,人々の「レジリエンス」(Resilience)に焦点を当てることの重要性を述べている。そのために,以下のような問いかけに答えていくことが必要であることを指摘している。

- 人生のある状況や環境において,ある人びとは崩壊するが,他の人々は,なぜ比較的無傷でいられるのか?
- ストレスや災難に対する人々の個々の多様な反応(responses)の違い

をどのように説明できるのか？
- 災難に遭ったとき，驚くべき多くの人々が何らかの対処（cope）を行い，時に，奇跡的ともいえる対応ができるのか？
- 身体的・精神的苦難，深い喪失や心的外傷体験，慢性的な差別や抑圧からの挑戦に対し，人々は適応（adapt）し，対処（cope）し，乗り越えていく（overcome）のか？
- 人生の非人間的で悲惨な出来事にあっても，単に生き延びる（survive）だけでなく，人々はなお繁栄（thrive）していくのか？

つまり，第2版は，クライエントの「バルナラビリティ」（vulnerability）とともに，クライエントの「レジリエンス」にも焦点を合わすことを強調している。この"レジリエンス"については，「元の状態に復帰する（return），あるいは押し戻す（spring back）ために，跳ね返り（rebound）やより戻す（recoil）という性質」（Gitterman 2001：xvi）であると説明している。

第2版の第2部の"環境と状況"に焦点化した「生活環境と出来事」（Life Circumstance and Events）が重要となるのは，この第1部に，個人のライフサイクルに焦点化した「生活状況」（Life Conditions）に関する項目が先に提示されていて，この"個人とライフサイクル"の側面と，第2部の"環境と状況"の相互関係との接点を見て，ソーシャルワーク・プラクティスを行うことの重要さを喚起するためでもある。つまり，ギッターマンが以前に提起した，生態学（エコロジカル）モデルである"生活モデル"（ライフモデル）においては，弱さを示す"バルナラブル"な面が問題とされる傾向にあったが，そうではなく，この本の中では，強さを示す"レジリエンス"という概念を新たに加え，個人と環境との相互関係を焦点とする"ライフ・モデル"を発展させている。

また，この"個人と環境の接点"という概念は，2001年の「ソーシャルワークの定義」の中の「ソーシャルワークは，…（中略）…人々がその環境

第Ⅰ部　ソーシャルワーク・プラクティスの基盤

と相互に影響し合う接点に介入する」という点と，2014年に改定された「ソーシャルワークのグローバル定義」中の，「ソーシャルワークは，生活課題に取り組みウエルビーイングを高めるよう，人々やさまざまな構造に働きかける」という点に通じている。

　この第2版の目次の中で，新たなソーシャルワーク・プラクティスの対象を考えていく上で参考となる項目（第2部　生活環境と出来事）は，以下の通りである。

1. 若者の妊娠（Adolescent Pregnancy）
2. 成人の更生（Adult Corrections）
3. 児童虐待とネグレクト（Child Abuse and Neglect）
4. 里親の子ども（Children in foster Care）
5. 犯罪犠牲者と犯罪犠牲者サービス（Crime Victims and Victim Services）
6. 子どもの死（Death of a Child）
7. 親の死（Death of a Parent）
8. 離婚（Divorce）
9. 過疎地域の家族（Families in Sparsely Populated Areas）
10. 病弱高齢者への家族介護者（Family Caregivers of the Frail Elderly）
11. ゲイとレスビアンの人々（Gay and Lesbian Persons）
12. ホームレス・ピープル（Homeless People）
13. 移民と難民（Immigrants and Refugees）
14. 親族内暴力（Intimate Partner Abuse）
15. 入所施設を必要とする高齢者（Older Persons in Need of Long-Term Care）
16. ひとり親（Single Parenthood）
17. 自殺と自殺行為（Suicide and Suicidal Behavior）
18. カラード・ウーマン（Women of Color）

19. 仕事と危険労働（Work and Job Jeopardy）

3　ソーシャルワーク・プラクティスの実際——児童虐待の事例から

　ソーシャルワーク・プラクティスが，いかに包括的で体系的な実践（プラクティス）を意味しているかを理解するため，本節では，児童虐待の事例を基に，その枠組みと実際に行われているソーシャルワーク・プラクティスの実例を示す。以下は，第2節「ソーシャルワーク・プラクティスの対象」で取り上げたギッターマンの『脆弱でありレジリエントな人々とのソーシャルワーク・プラクティス・ハンドブック　第2版』の中にある「児童虐待とネグレクト」（Child Abuse and Neglect）に掲載された実例である。ここで提示するソーシャルワーカーが関わるプラクティスの対象は"児童虐待とネグレクト"と限られた対象ではあるが，"児童虐待とネグレクト"の理解を深めるためというより，ソーシャルワーカーによる"包括的で体系的な実践としてのソーシャルワーク・プラクティスとは何か"を理解するための，一つの例示であることを強調しておきたい。

（1）包括的で体系的なソーシャルワーク・プラクティスの枠組み
1）生活条件・環境・出来事を説明し定義する
　定義として，以下の1996年の「アメリカ国内の児童虐待の発生に関する研究（国立ヘルス・ヒューマン・サービス局）」（National Incidence Study of Child Maltreatment〔U.S. Department of Health and Human Services (U.S. DHHS) 1998〕）を示している。

- *物理的虐待*（*Physical abuse*）とは，やけど，打撲，骨折，挫傷，裂傷，あるいは，他の損傷といった物理的傷害を子どもに与える犯行のことである。

- *感情的虐待*（*Emotional abuse*）とは，だめなやつ，役立たず，悪魔，嫌い，といったことを子どもに伝えることをいう。また，感情的虐待は，監禁，脅しや，睡眠や食事といった生活上必要なことを取り上げることをいう。
- *性的虐待*（*Sexual abuse*）は，物理的虐待の特別なかたちである。この虐待において，養育者による性的行為（sexual contact）によって子どもを傷つけることである。性的行為とは，性交，さわる，愛撫するといったことを含む。他の行為として，児童ポルノ，成人の性行為を見せるといったことや，性的対象として子どもを利用する行為もまた，この虐待として定義される。
- *身体的ネグレクト*（*Physical child neglect*）は，親の怠慢（omission）の行為である。たとえば，親が子どもに注意をはらわず，監督をすることなく子どもを放置することである。身体的ネグレクトの他の形として，不十分な栄養による成長ができないといった養育のあり方を含む。例として，食事，衣服，住居，医療ケアといった基本的で身体的に必要なものを与えないこと，放棄，そして，家から子どもを追い出すことである。
- *教育的ネグレクト*（*Educational neglect*）とは，学校へ行かせない，慢性的無断欠席を許す，あるいは，子どもにとって必要な特殊教育に参加させないといったことを含む。
- *感情的ネグレクト*（*Emotional neglect*）は，不適切な養育あるいは愛情，家庭内での慢性的暴力，そして子どもの酒や薬物の使用を許すことを含む。

ビデカ・シャーマンとマンシーニは，以上の定義に加え，その他にも以下の児童虐待とネグレクトに関する定義の理論的方向性（theoretical orientations）（Hutchison 1990）に関する多様な定義があることも付け加えている。

- *医学的アプローチ*（*Medical approach*）は，身体的発見と児童虐待とネグレクトの結果に焦点を合わせたアプローチである。この視点は，"虐待児シンドローム"（battered child syndrome）と"成長への失敗"（failure to thrive）といわれる症状を見出すことを重視するものであり，1974年の最初の児童虐待防止・治療立法に準ずる。
- *社会学的アプローチ*（*Sociological approach*）は，社会的構成（social construct），文化的風習（cultural mores），そして，社会的状況とストレスからの児童虐待を定義するためのアプローチである。社会的状況と先入観が，児童虐待を引き起こす環境を作り出すという観点に立つ。この視点は，1970年代には最も有力なアプローチであった。
- *生態学的アプローチ*（*Ecological approach*）（Belsky 1993）は，1980年代にまでさかのぼる。ソーシャル・システム・アプローチを用いることで，児童虐待の生態学的定義を，虐待あるいはネグレクトの原因を，社会，近隣，両親，子どもといった要因の中に見出していこうとするものであった。生態学的アプローチが，児童虐待についての現代の考え方において，今なお支配的である一方，その強調点は，児童期の発達的視点と，親・子ども関係に起きる相互関係へと移ってきた。この視点は，「ふつう」の子どもの成長の中断に起きる直前の前兆，そして児童虐待と関連する家族過程に向いている。つまり，生態学的アプローチは，虐待あるいはネグレクトの原因を，社会，近隣，両親，子どもといった，主に，"現在"の空間的な相互の関係として，鳥瞰図的にとらえるものであるが，そこに，"時間的経緯"としての，子どもの発達・成長過程（子どもの成長過程）と，その子どもの成長過程をとりかこむ家族全体の発展・成長過程（家族の成長過程／家族過程〔family process〕）との，時間的経緯としての両者の相互関係を見る視点へと移ってきている。

2）脆弱性と危険性の要因

　児童の虐待とネグレクトについての議論において，児童虐待の疫学と生態学の枠組みを用いるのが有効である。このモデルは，児童発達に関する生態学研究の先駆者であるブロンフェンブレナーによって導き出されたものである（Bronfenbrenner 1979）。このモデルは，児童虐待とネグレクトへと結果的に至る双方向原因の多数の線を示している。児童虐待の初期の研究は，デモグラフィック（対象属性）の変数に焦点化したものであった。生態学モデルの登場によって，研究段階が，児童虐待が起きる状況を引き起こす相互に関係するリスク・ファクターと，多次元の脆弱性に関する知識が蓄積されることになった。生態学モデルを用いると，リスク・ファクターは，両親，子ども，心理，社会的ファクター（家族システムがコミュニティといかに相互関係しているか）との相互関連システムと地域，そして文化的ファクターという3要素にまとめることができる（Gitterman ed. 2001：374-378）。

　図2-3は，児童虐待とネグレクトを引き起こす生態学モデルに基づくダイナミックな相互関係を示している。図2-3は，児童虐待が親-子ども相互関係の結果であること，虐待とネグレクトは家族マイクロ・システム（family micro system）内の親-子ども相互関係のあるかたちから，独立して存在しないことを示唆している。親-子ども相互関係への焦点化が，児童虐待研究について最も期待されるテーマになってきた。

　なお，図2-3から読み取れるリスク・ファクターは，以下の通りである（Gitterman ed. 2001：375-378）。

1. 親のリスク・ファクター（Parental Risk Factors）
2. 子どものリスク・ファクター（Child Risk Factors）
3. 家族システム──親-子ども相互関係（Family System : Parent-Child Interaction）
4. コミュニティ・リスク・ファクター（Community Risk Factors）

第2章 ソーシャルワーク・プラクティスの定義・対象

図2-3 児童虐待におけるリスク・ファクターとプロテクティブ・ファクターの生態学モデル

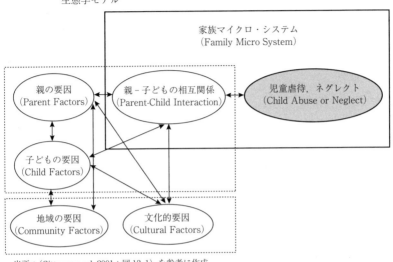

出所：(Gitterman ed. 2001：図13.1) を参考に作成。

5. 文化的リスク・ファクター (Cultural Risk Factors)

親-子ども相互関係は，いくつかの他のシステムから影響される（そして，反対に影響を与える）。これらのリスク・ファクターは，親と子どもに相互に関係する。図2-3において，親による児童虐待とネグレクトのリスク（危険度）は，「親の要因」と「子どもの要因」が，「家族マイクロシステム」全体の「両親-子ども相互関係」に影響し，あるいは，「家族マイクロシステム」の「両親-子ども相互関係」が，「親の要因」となる虐待とネグレクトのリスクを高め，あるいは，「子ども要因」となるリスクを高めることもあることを示している。つまり，それぞれの要因が，両方向に働き，それぞれの原因になり，結果になり，図中に示されるように，その矢印は双方向として示されている。親と子どもがもつそれぞれのリスク・ファクターとプロテクティブ・ファクターは，家族相互関係に影響をもたらす。しかし，相互の

原因結果の関係を見ると,家族相互関係パターンが親と子どもの下位システムに影響することを示唆している。子どもの要因は,親のライフスタイルと親-子ども相互関係,そして児童虐待とネグレクトの関係に影響を与えている。コミュニティ・ファクターは,親と子どもが生活している環境にある危険の供給源となることによって,親と子どもの下位システムの両方に影響を与える。文化的ファクターは,コミュニティ,確立している社会的習慣と期待される行動を通して,親と子どもの考え,そして親-子ども相互関係に影響を与える (Gitterman ed. 2001：375)。

3) レジリエンスと保護的な要因

図2-3の中に示されているそれぞれの領域には,レジリエンスと保護的ファクターがある。虐待やネグレクトされて親になった者の30%が,彼らの子どもを虐待やネグレクトするということから,虐待やネグレクトされたほとんどの人は成長するとともに,実質的なレジリエンスを強めていると結論づけることができる (Gitterman ed. 2001：378)。

4) プログラムとソーシャルワーク・プラクティス

ゴードンは,国立医療機関 (the National Institutes of Health) (National Health Council Workgroup on Mental Disorders Prevention Research) による児童虐待とネグレクトの予防モデル (Model of Prevention) を紹介している (Gordon 1988)。児童虐待に関するものとして,このモデルは以下の予防段階を含むものである (Gitterman ed. 2001：379-383)。

1. 児童虐待のための一般的予防 (Universal prevention) は,基礎的なリスク・ファクターが特定されているわけではない一般の大衆に向けられるものである。
2. 選択的予防 (Selective prevention) は,児童虐待とネグレクトの危険の平均がより高いと考えられるリスクのある家族を対象とする。
3. 特定予防 (Indicated prevention) は,児童虐待の初期の兆候や有害な

親の行動のある家族を対象とする。
4. 再発・発症予防（Relapse and comorbidity prevention）は，児童虐待の経歴があると知られている家族を対象とする。再発と発症予防の目標は，親をリハビリするものであり，長期的な危害，あるいは，精神病の再発，身体的な障害，子どもの問題行動を減少させることである。

児童虐待のためのソーシャルワーク・インターベンションにおいて，虐待を"予防する"ための厳密で科学的実証がなされたインターベンションの過程や段階があるわけではない。図2-3に示したように，その要因は，個人と環境が複雑に相互に関連している。そのため，"虐待予防方法"を予め設定することができない。つまり，ここで提示されている"虐待とネグレクトの予防モデル"は，予め決められた段取りに則って，ソーシャルワーク・インターベンションを行うためのものではなく，むしろ，その予防方法をソーシャルワーカーが発見するためのツールとして用いるものと考えることができる。そして，示されているそれぞれの予防の段階も，明確に分けられて確定しているものではなく，現実のインターベンションの中で参考とするものである。この"生態学モデル"に基づく「予防モデル」は，原因と結果が想定され，その原因を特定（診断）して決められた段取りで対応する（治療する）という，いわゆる"医学モデル"や"病理モデル"に則ってできているものではないということでもある。

① 一般的予防

医療ケア，学校，家族，そしてコミュニティ機関の中で行われるソーシャルワーカーによる多くの親と家族への教育的サービスは，以下のような一般的予防（Universal Prevention）である（Gitterman ed. 2001：379-380）。

- 精神医療ケアや小児医療ケアの中でのソーシャルワーク・プラクティスの大部分は，児童虐待の一般的予防である。

- 公共サービステレビ放送のような公共的教育キャンペーンは,一般予防プログラムである。
- 数少ない一般予防プログラムの一つに,学校をベースにした児童の性的虐待予防プログラムがある。
- ライフサイクル家族支援プログラムは,児童虐待の予防と親の支援を行う一般予防とは異なるアプローチである。家族支援プログラムは,コミュニティセンター,ヘルスケアセンター,そして他の偏見を与えない場において利用できる。

② 選択的予防

　児童虐待予防プログラムの多くは,選択的である。つまり,これらのプログラムは,リスクのある子どもと親を対象としたサービスである。選択的予防への関心は,児童虐待の長期の否定的な影響について,より理解をしていくとともに強くなってきた。多くの選択的予防プログラムは,対人関係と環境の両方からの家族のストレスの軽減,そしてソーシャル・サポートを提供することを目標とする。特に母親に対するものである。父親よりも母親への焦点化は,親が子どものケアに責任をもつという社会的規範の影響が大きい。その分類として,以下のものを含む（Gitterman ed. 2001：379-380）。

- コミュニティ・ベースド・ソーシャル・サポート・プログラム（community-based social support programs）
- 家庭訪問プログラムを含んだ個人サポートプログラム（individual support programs, including Home Visiting Programs）
- 親の教育とサポート・グループ（parent education and support groups）
- 社会技能訓練（social skills training）

③ 特定予防

　行動パターンが確立する前の初期段階の児童虐待へのインターベンションは，特定予防（Indicated Prevention）の特徴である。家族維持プログラム（family preservation program）は，たとえばホーム・ビルダーは，両親が必要とするときはいつでも緊急対応すると同時に，利用可能な巡回サービス，住宅や他のニーズに緊急対応する資金，そしてソーシャル・サポートを提供する訪問が可能なものである（Happala, Kinney & McDade 1988）。家族維持プログラムの目標は，家族が一緒にいられることである。児童の家庭外措置（out-of-home placement）は，家族に気づきを促すため，児童虐待のリスクを抑えるため，そして，子どもを守るために用いるべきである。

　ウイドム（Widom 1992）の児童虐待の長期継続研究は，良い質のフォスター・ケアは児童虐待やネグレクト等の否定的な長期的な関わりを予防することができることを示している。親 - 子ども相互関係を対象としたスキル・ベースド教育・訓練アプローチや生態学の枠組みを基にした援助は，児童虐待とネグレクトの予防のための核となる要素である。スキル・ベースド・プログラムは多くの場合，以下のものを含む（Gitterman ed. 2001：382-383）。

- 子どもの良い行動に気づき，それをほめることを親に教えること。
- 言語的あるいは物理的×を用いる他の方法を親に教えること。他の方法としては，子どものいけない行動への注意を引っ込め，子どもが何をすべきであるかについて肯定的な支持を与えること，そして，子どものいけない行動に対してタイム・アウトを用いるように親に教えること。
- 社会的技能（social skill）とコミュニケーション訓練
- 就労準備と問題解決技術（problem-solving skill）を含んだ生活技術訓練（life skills training）
- ストレス・マネジメントとリラックス訓練

第Ⅰ部　ソーシャルワーク・プラクティスの基盤

- チャイルド・ケア，交通費，住居への資金援助，そして法律手続き等の具体的援助

④　再発・発症予防

再発・発症予防（Relapse and Comorbidity Prevention）目標は，以下の通りである（Gitterman ed. 2001：383）。

1. 家族の行動パターンを強化していた虐待とネグレクトの相互関係パターンを終了させるための予防的レベルを目標とする。
2. 児童虐待という否定的で長期的な関わりの予防，あるいは減少を目標とする。

再発・発症予防プログラムは，児童期あるいは思春期の家族生活サービスのどの時点においても，両親や家族に対して行われることになろう。インターベンションは，家族に対して，あるいは個々人に対して行われる。ホーイング（Howing et al. 1989）は，児童虐待の効果的インターベンションに関するエビデンスに基づいた研究の中で，児童虐待のそれぞれのタイプに対する効果的インターベンションを明らかにしている。表2-1には，児童虐待の形に焦点化した特定のインターベンションの提案がまとめられている。

5）アセスメント

①　アセスメントの尺度

親の養育，子どもへの刺激，そして家庭環境の安全性をアセスメントする各種の尺度は以下の通りである。アセスメントの名称と開発の年を示し，今後，日本において，各種アセスメント尺度を開発していく上での参考となるよう，その尺度の名称を列挙しておく。

- 環境について評価する家庭観察尺度（The Home Observation for

第2章 ソーシャルワーク・プラクティスの定義・対象

表2-1 虐待の特定のかたちに焦点化されたインターベンションの提案

虐待のタイプ（Type of Maltreatment）	インターベンション・アプローチ（Intervention Approach）
虐待（Abuse）	スキル・ベースド・プログラム（Skills-based training programs） 生態学的関係モデルを用いたプログラム（Programs using ecological etiology models） 親-子ども相互関係に焦点化（Focus on parent-child interactions） 親の柔軟性強化に焦点化（Focus on increasing parent flexibility） グループ・アプローチ（Group approaches）
ネグレクト（Neglect）	支持的サービス（Supportive services） 親としての反応を高めることを焦点化（Focus on enhancing parental responsiveness） 愛着の高めることの焦点化（Focus on increasing attachment） 家族のまとまりを高めること焦点化（Focus on increasing family cohesion） 家族療法（Family therapy） 家庭訪問プログラム（Home visiting programs）
性的虐待（Sexual Abuse）	家族インターベンション（Family interventions） 被虐待児へのアプローチ（Victim protection approach）

出所：Gitterman ed.（2001：Table 13）．

Measurement of the Environment; HOME〔Caldwell & Bradley 1979〕）
- 環境危険度尺度（The Environmental Hazards Scale〔Lutzker 1984〕）

また，以下のような児童虐待とネグレクトの標準的アセスメント尺度も開発されてきた。

- 児童虐待可能性表（The Child Abuse Potential Inventory; CAPI〔Milner 1986〕）
- 児童ネグレクト程度尺度（The Child Neglect Severity Scale〔Edgington et al. 1980〕）
- 生活スケールの児童期レベル（The Childhood Level of Living Scale〔Polansky et al. 1981〕）

② ファミリー・フォーカスド・アセスメント

　家族を支える重要な社会システム (the point of view of significant social systems) の視点とともに，たとえば，3世代家族の祖母・祖父も含めた家族の視点 (the family's point of view) が，ファミリー・フォーカスド・アセスメント (Family-focused assessment) に含まれるべきである。以下，このアセスメントについて5つに分類し解説する。

　家族相互関係のアセスメント (Assessment of the Family interaction)　ソーシャルワーカーは，家族相互関係のアセスメントを行うべきである。なぜなら，この相互関係の成り立ちが，児童虐待の原因追究の一つの重要な関連変数であるからである。これを行うための最も重要な方法は，家族相互関係を観察することである。以下は，リスクとプロテクティブ要素のアセスメントの概要である (Gitterman ed. 2001：384-385)。

- 相互関係の量
- 親と子どもの間の肯定的／否定的相互関係の割合
- 葛藤や承諾拒否に対応するために親によって用いられるコミュニケーション方法
- 子どもから承諾を引き出すために用いるアプローチ

　親のアセスメント (Assessment of the Parent)　リスクに関する研究者が示しているように，虐待を行う家族は，一般的に多くの領域でストレスを体験している。効果的インターベンションは，子どものニーズとともに，虐待を行う家族のニーズに応えるサービスであるべきである。以下は，親の生活の中でのストレス源である (Gitterman ed. 2001：385)。

- 経済的心労
- 失　業

- 不適切な住居
- 薬物依存
- 家庭内暴力
- 特別ニーズを必要とする子ども，挑発的な気性をもつ子ども，あるいは医療的，情緒的ニーズを必要とする子がいること

子どものアセメント（Assessment of the Child）　子どもへの徹底したアセスメントは，基本的な身体的アセスメントから始めるべきである。これには，子どもの健康，身なり，生存に関する基本的観察を含む。以下は，アセスメントの項目である（Gitterman ed. 2001：386）。

- 身　　長
- 体　　重
- 乳児における頭回りの長さ
- 認　　知
- 社会的成長
- 精神面の困難
- 学校内での成績と活動
- 友達をつくり，その関係を維持する能力
- 基本的生活技術（着替え・トイレの自立・身だしなみ）

コミュニティのアセスメント（Assessment of the Community）　ソーシャルワーカーは，家族にとってのコミュニティ・ストレスの要因と社会資源についてアセスメントすべきである。コミュニティの利点の程度と安全性は，子どもと家族へのサービスを行う計画を立てる上において，重要な構成要素である。以下，主なアセスメント項目の例である。

- 周囲に家族がよく知られているか，そして，コミュニティの他の人たちを知っているか
- 何人の友達や拡大家族が近くに住んでいるか
- 近所の人々とその家族の関係はどのようなものであるか
- 家族が，コミュニティからスケープゴートにされているか，孤立している程度はどうか
- コミュニティの中の助け合い規範はどうか（近隣が知り合いとなることを期待され，お互いが助け合っているか）
- 家族にとって非公式な援助者がいるか（親戚，友達，近所の人）
- 子どもや親のレクリエーションとなる可能性のある公式の援助の場が利用可能か

文化的枠組みのアセスメント（Assessment of the Cultural Context）
家族の文化的枠組み，危険となるもの，そして文化的利点が与える保護的な要因が示されることなしに，児童虐待予防を成功させることはできない。文化的要因は，家族を取り巻く親戚，友達，近所の人々，社会のための適切な役割，社会習慣，親－子ども相互関係，子どもについての社会習慣や考え方を含む。文化的グループは，児童虐待のリスクを減らすために，ソーシャルワーカーに即有効とはならないが，将来的に有効になるかもしれない社会資源を提供することになるであろう。

　ソーシャルワーカー自身が文化的ステレオタイプに気づいていること，そして，そのようなステレオタイプを守るために，家族を見るときに影響し，援助の選択肢を限定してしまうことがあることを，ソーシャルワーカー自身が気づいていることは非常に大切なことである。

6）インターベンション開始過程

　虐待を行う親，特にネグレクトをする親は，サービスに関わる（開始する）ことが困難であることはよく知られていること（notoriously difficult）である。

虐待を行う家族に関わるため，ソーシャルワーカーは，親の行動への社会的期待とその家族自身の価値観，考え方，文化的視点，そして資源との間に，何らかの共通の基盤を見つけなければならない。ソーシャルワーカーの機能は，その家族と，児童プロテクション・サービスによって代表される社会との間のブローカー（a broker〔両者をつなげていく人〕）の役割をとる。チャイルド・プロテクティブ・サービス（CPS）機関とともに，その親の優先したいことに限定し現実的な目標を立てることが，開始過程を難しくするというより，それを可能にする。家族に対し，プラクティショナーの責任を，わかりやすく，限られたものであることをわかってもらうことが重要なことである。インターベンション（Intervention）のエンゲージメント・プロセス（Engagement Process），インターベンションの目標，そして，ソーシャルワーカーのその過程での役割について，その家族にわかってもらえればもらえるほど，そのインターベンションはより成功する可能性が高まるあろう。ソーシャルワーカーは，インターベンション・プロセスに対する家族の疑念のすべてを解消すべきである（Gitterman ed. 2001：385-386）。

① 契約

契約（Contract）は，インターベンション過程の目的，過程，ソーシャルワーカーの責任を明記した文章から構成されている。

文章化された契約の必要性　文章化された契約は，親と子どもの再統合のための両親の課題の実現を強化するものであることが研究から知られている。この発見はまた，虐待やネグレクト家族に対するコミュニティ・ベースド・サービスにおいても有効であるとされている。虐待家族は人生のクライシスを，典型的に何度も経験しているからこそ，その契約は，ソーシャルワーカーにサービスの要点を示してくれる手助けとなり，そして，その家族がソーシャルワーカーとの共同作業の中で，その軸を保持することができる。契約はまた，家族の個々のメンバー（両親，あるいは子ども）とも行われる。

明確に構造化された契約の重要性　目的の明確化と構造化（structure and

clarity of purpose）は，構造化されていないインターベンションにおいて，ソーシャルワーカーが現状に流されてしまうときに悪化するフラストレーションを回避するためにも，虐待家族と効果的に関わっていく中で必須である。不十分な構造化（lack of structure）が，適切な養育を提供する中での問題の一部となる場合，このことがその家族との関わりにおける破滅となる。

インフォームドコンセントと事前承認　契約過程（engagement）は時間をとるかもしれないが，ソーシャルワーク・サービスにおいて，その構造化と課題の中心が破壊的になるという事実はない。もっというと，もしソーシャルワーカーがインフォームドコンセントを用いるならば，プラクティスへの倫理的アプローチは，クライエントの承認と参加へのコンセントを得るために，インターベンションの内容と責任についてクライエントに十分説明すべきである。

ソーシャルワーカーのバーンアウト防止　虐待家族との関わりにおける構造化と目的を明確化すると，ソーシャルワーカーのバーンアウトを少なくすることができる。

②　サービス期間の長さ

児童虐待における必要なサービス期間の長さ（Duration of Service）については，ほとんど知られていない。限られた目標をもった短期間プログラム（たとえば，親訓練クラス〔parent-training class〕）が，その目標を達成するための一助となるかもしれない。児童虐待の長期リスクについて，どのような特定の効果があるかについても明らかではない。

③　包括的支援システムとソーシャルワーク・スーパービジョン体制
　　の必要性

虐待家族のニーズは，単一の機関が提供するサービスを明らかに超えている。親の虐待サービスに加えて，薬物依存の治療や家庭内暴力へのインターベンションが親に必要かもしれないし，特別発達児童や精神医療へのサービスが子どもにとって必要かもしれない。そのため，コミュニティ連結やケー

第2章 ソーシャルワーク・プラクティスの定義・対象

ス・マネジメントが，家族のための共同サービスを保障する必要がある。特に，公的児童サービス機関は，家族のための多様なサービスをモニターしていく責任がある。ソーシャルワーカーは，ケースをコーディネートする仕事（case coordination tasks），あるいはスーパーバイズをする必要があるかもしれない。コーディネーションは，定期的コミュニケーションと，家族へのサービスを行っている多数の機関によるケース・プランニングを必要とする。

④ 倫理上の事柄（Ethical Issue）

児童虐待家族と関わるソーシャルワーカーは，多くの倫理的事柄にぶつかることになる。NASWの倫理綱領，州の法律，ソーシャルワーカーの実践に関する倫理綱領を遵守しなければならない一方，児童虐待家族と関わるとき，特別な倫理的挑戦が発生する。ソーシャルワーカーは，アメリカ人に主流の社会的価値とソーシャルワーカーが堅持する個別化と自己決定の間の葛藤の最前線にいる。ソーシャルワーカーは，親や家族の権利を制限する際に，児童への危害（the concept of harm to the child）の予防という考え方を用いて正当化する。しかし，先に示した児童虐待の定義のところで指摘したように，子どもへの危害とは，あいまいな概念（fuzzy concept）である。ほとんどの決定（choice）は，あるものには利益をもたらすが，他のものへは害となることを含んでいるし，最良の決定は，多くの場合難しいことである。

（2）ソーシャルワーク・プラクティスの具体例と振り返り

1）親によるネグレクトの危険性の通報

6カ月の男の赤ちゃん，アントニー（Antoine）の耳の感染病に対するフォローアップ医療ケアをバーソロミュウ（Bartholomew）家族が怠っている（医療的児童ネグレクト）との報告があり，郡立児童保護サービス局（CPS）から依頼があった。家族は，数回にわたる耳の感染病にかかっているアントニーに対する医療的ケアを怠っていて，聴覚障害を起こす危険性があるとのことであった。耳の感染病の治療への怠慢に加え，アントニーの両親は，彼に対

する定期的医療ケアを求めることをしてこなかった (Gitterman ed. 2001 : 389-394, 以下同)。

2）専門家の家族による訪問拒否

バーソロミュウ家族は，耳の感染病のための処方された薬をアントニーに与えなかったし，フォローアップ医療予約にも来なかった。家族が最後の予約日も来なかったので，公衆衛生看護師がその家族を訪問した時，その家族はドアを開けることを拒否したと CPS に報告した。その後も，CPS からの訪問者に対してもドアを開けることを拒否し，警察をともなって行くまでドアを開けることはなかった。

3）ソーシャルワーカーへ援助の依頼

本ケースは，CPS によって，州立ソーシャル・サービス局 (the state department of social services) と契約を結んでサービスを行っている非営利家族サービス機関 (a not-for-profit family service agency) に依頼されることになった。CPS のソーシャルワーカーは，訓練を受けたソーシャルワーカーではなかった。彼女は，バーソロミュウ家族ケースのために，ケースマネージャーとして指名された。彼女の役割は，小児科医療機関，発達障害の危険のある子どもたちへの初動介入機関，そして家族への相談サービス機関（今回，バーソロミュウ家族を担当するソーシャルワーカーが所属する）等，その家族への支援の依頼をしたいくつかの機関の間をコーディネートすることであった。

4）バーソロミュウ家族の状況

バーソロミュウ家のラリーとケニシャはアフリカ系アメリカ人で共に20歳であり，そして軽度の発達障害（高機能レベルにおける）を抱えている。2人とも，高校を卒業していない。ラリーは2週間を超えて仕事を続けたことはない。ケニシャは就職を試みたことは一度もなかった。ラリーは，3カ所の修理店において修理工助手として働いたことがあるが，仕事に来なくなってしまうということで仕事を失っている。家族は，公的扶助 (public assistance)

を受けている。また，ラリーは，障害者補足所得保障（Supplemental Security Income for Disabled Individuals：SSDI）を申請したいと思っている。

5）ソーシャルワーカーによる訪問開始

ソーシャルワーカーが，最初にバーソロミュウ家族への訪問を試みたとき，公衆衛生看護師と CPS 担当官が訪問した時のように，彼らはドアに鍵をかけ，日よけをおろしていた。ソーシャルワーカーは，4日前に手紙によって訪問予定を知らせた上で，3週間の定期的な訪問を続けた後，家に入ることが許された。その手紙によって，アントニーの強制保護をされたくなければ，ソーシャルワーカーや他のサービス提供者を家に入れなければならないということを，家庭裁判所裁判官（the family court judge）は，その家族に明確に示していた。

ソーシャルワーカーを家に入れることを承認しろという，バーソロミュウ家族への強制的な指示は効果的であった。しかし，家庭裁判所からの命令は，ソーシャルワーカーに対するバーソロミュウ家族の信頼を発展させることに関しては効果的ではなかった。ソーシャルワーカーが彼らの家に入れてもらえてからの数週間，彼らは話をすることを拒否した。

6）開始から3カ月——拒否されて

ソーシャルワーカーが関わってからの最初の3カ月間，ソーシャルワーカーはバーソロミュウ家族の信頼を得られるよう慎重に働きかけた。ソーシャルワーカーは，アントニーが適切なケアを受けるために必要となるすべてのことをバーソロミュウ家族が行うようになるにちがいないと，その訪問の理由を訪問のたびに説明することから始めた。もしアントニーが適切なケアを受けられるなら，養護施設（foster care）に移されることにはならないであろう。

この原因と結果の関連は，バーソロミュウ家族を動機づけることになった。なぜなら，彼らはアントニーを失いたくなかったからである。バーソロミュウ家族がアントニーに良いケアをすでに与えている（彼らはアントニーを非常

に愛している！）のは確かなことではある。最初は嫌々ながらではあったが，アントニーが家から引き離されるという事態を避けるために必要なことはなんでも進んで行おうとしていた。

7) その後の2カ月——信頼を得るまで

2カ月後，ケニシャは，ソーシャルワーカーと一緒にいることに安心するとともに，彼女を信用しはじめるようになっていた。ケニシャがずっと望んできたことは，母親であるということである。母親として彼女は息子をかわいがり，彼に多くのエネルギーを注いできた。児童虐待をしていたと見られたことは，彼女にとって致命的な打撃を与えるものであった。彼女は，息子を失うことを非常に恐れ，なぜこのような脅威を与えられるのか，なお理解しかねていた。なぜ，彼女が赤ん坊を非常に愛しているということを，人々はわってくれないのか，と。

8) ソーシャルワーカーによる訪問を通しての家族の見守り

ソーシャルワーカーは，アントニーに対するケニシャとラリーの愛着に気づかされるともに，彼女はまた，家庭環境においてアントニーの心と感情の発達において深刻な点があることに気が付いた。そのいくつかは，ケニシャとラリーの認知的技能の不足と，彼らが習得してきた子どものしつけ方の欠落であった。ケニシャは，養護施設の中で育ってきて，"麻薬中毒者"と呼ばれていた生みの母親に会ったことはほとんどなかった。ラリーは，現在夫婦で生活しているところと同じトレーラー公園の中で成長してきた。"人は信じられない"と言っていた彼の両親は，現在は両方とも亡くなっている。ラリーとケニシャは，教会に参加する常連者である。ケニシャの生活の中では宗教は非常に重要なものであるが，ラリーにとっては，それほどでもない。ソーシャルワーカーは，ラリーの吐く息にビールの匂いがすることに気づくことがあった。また彼らはいかなる薬物依存の問題について否定していた。

9) 養育方法の問題点を発見

ソーシャルワーカーはまた，アントニーが泣くと，ラリーとケニシャが，

異常なほどに心配してしまうということが心配になってきた。このことが起きることは，まれではあった。なぜならアントニーは，ほとんど泣かない静かな赤ん坊であったからである。彼が泣くと，ラリーとケニシャはおむつを替えようとし，そしてお乳を飲まそうとした。そのことで彼が泣き止まないと，彼らは赤ん坊をベビーベッドに寝かせ，そして部屋のドアを閉め，その鳴き声が彼らを悩ませないようにした。このようなことがたびたび起こったわけではないが，しかし，アントニーが耳の感染症にかかったとき，それが起きた。継続的な観測の中で一貫していることは，バーソロミュウ家族は乳児や児童の成長に関して十分に知らないということである。子どもの成長に関する知識が不足しているということに彼らは気がついていなかったし，アントニーが成長していることを気にかけるということはなかった。

10) 家族に対するソーシャルワーク・プラクティスの2つの目標を設定

ソーシャルワーカーは，バーソロミュウ家族を援助するために，以下の2つの優先目標を立てた。

① ソーシャルワーカーは，乳児と歩き始めの子どもの発達，そして良い発達を刺激する親の役割をケニシャとラリーが理解できるようにすることによって，アントニーのウエルビーイングと最適な発達を確かなものにする。特に，アントインのための刺激ある環境を提供でき，そして泣くことに建設的に対応するバーソロミュウ家族の技術を教える。

② ソーシャルワーカーは，バーソロミュウ家族が医療とヒューマン・サービスの機関，特に，児童医療ケア・システムと関わる技術を支援することを目標とする。家族は興味を少ししか示していないが，ソーシャルワーカーは，バーソロミュウ家族の目標設定（goal-setting）に関わるようにする。

11）ソーシャルワーク・インターベンションの開始

　ソーシャルワーカーは，機関内にある他のソーシャルワーカーが行っている親の技術習得グループ（a parent-skills group）に依頼したが，ケニシャとラリーは，言葉では参加すると約束したが，そのグループにはまったく参加しなかった。ソーシャルワーカーがグループ参加の窓口で調べたとき，ケニシャとラリーは，犯罪が多発する地域に夜に出かけるのは嫌だと言った。

12）グループへの参加からソーシャルワーカーによる直接の個別援助への変更

　バーソロミュウ家族へグループ参加をするよう何回かはたらきかけた後，ソーシャルワーカーは，グループがやっている親業技術（parenting skill）の習得と子どもの発達に向けて，バーソロミュウ家族とソーシャルワーカーによる個別のセッション（individual session）を行うことにした。ソーシャルワーカーはケニシャとラリーに，発達している乳児には刺激と遊びが重要であることを指導した。彼女は，あでやかな色のおもちゃをその家庭にもちこんだ。もっと重要なことは，親-子ども相互関係に刺激を与えるモデリングとして，ソーシャルワーカーがアントニーとケニシャ，そしてラリーとともにおもちゃで遊んだことであった。ケニシャとラリーのどちらも，どのように遊ぶかを知らなかった。

13）他機関の専門職との共同支援体制づくり

　バーソロミュウ家族が親業技術を習得する補足として，医療ケア専門家との関係を持つ中で技術を実践する機会を与えるために，郡医療局は，家族を訪問する訪問看護師を配属した。最初，バーソロミュウ家族は看護師を彼らの家に入れることを拒んだ。ソーシャルワーカーは，ケースマネージャーと看護師で話し合いをもった。ソーシャルワーカーは，脅威を与えることなくバーソロミュウ家族にいかに近づくかを看護師に助言した。ソーシャルワーカーはまた，なぜ看護師が訪問するかを説明するために，看護師を入れないことによる否定的結果の見直しを伝えるとともに，看護師が家に来た時どのように対応すればよいかを練習する機会を与えた。

認知構成技術（cognitive restructuring technique）を使って，ソーシャルワーカーはバーソロミュウ家族に，看護師の訪問によって，アントニーがどれほど良い方向に成長する手助けになるか，彼ら自身が気づくようにコーチ（coach）した。彼らは，看護師の訪問についての不安が高まる前に，その理由について積極的に考えようとした。ソーシャルワーカーとともに準備を実践してみて，彼らは「彼女の横柄な態度が嫌い」と言い張ってはいたが，結果的にはバーソロミュウ家族は看護師を受け入れた。

14) 親の社会参加とこどもへの養育態度の変化

看護師とソーシャルワーカーは，バーソロミュウ家族に，いかにアントニーへの定期的な医療ケアが重要なことであるかを説明した。ケニシャが，アントニーの9〜12カ月健康児童小児科在宅検診の予約をするために医療ケア・センターに電話するとき，ソーシャルワーカーと看護師はその場に立ち会った。小児科看護師に対する質問と気にかけていることについてどのようなコミュニケーションをするかという，小児科専門職（the pediatric nurse practitioner：PNP）の訪問リハーサルを，ソーシャルワーカーと看護師はバーソロミュウ家族と行った。ケニシャにとって最も気になっている質問（そして，アントニーの9カ月検診においても，今まさに質問できるようになっていた）は，「彼は普通に成長しているのでしょうか？」ということであった。彼女は，小児科専門職の「彼は，もちろん普通です。あなたはよくやっています」という回答に喜んでいた。

15) 9カ月間のソーシャルワーク・プラクティスの終結

ソーシャルワーカーとバーソロミュウ家族とは，9カ月間一緒に関わってきた。今回，ソーシャルワーカーは仕事場を変わることとなり，CPS機関と家庭裁判所は，バーソロミュウ家族へのサービスを終結することを決定した。ケニシャとラリーはソーシャルワーカーが去っていくことに動揺した。看護師がまた彼らをまた悩ますことになるのではないかという不安を訴えた。終結が近づくにつれて，彼らは乳児刺激プログラム看護師（the infant stimulation program nurse) が家に入ってくることを時々拒否した。他方では，彼らはアントニーのための健康児童医療の予約を自らが行って，小児科専門職との良い関係を感じていた。アントニーは成長に関するアセスメントを受け，言語を除くすべての指標において，普通の範囲であることがわかった。

16) 振り返り

バーソロミュウ家族の事例はいくつかのポイントを例証し，児童虐待に関するソーシャルワーク・インターベンションについて，いくつかの疑問を提起する。この事例はまた，ここで示された予防的方策 (prevention orientation) が，初期段階の児童虐待として依頼された家族に対して，いかに用いるかということを説明している (Gitterman ed. 2001：393-394)。

① エンゲージメントの重要性

バーソロミュウ家族の事例から，サービスが効果的であるためには，エンゲージメント (engagement) の重要性が挙げられる。開始時，バーソロミュウ家族は，すべてのヒューマン・サービス提供者に対して不信感をもっていたが，彼らとの出会いにおいて，ソーシャルワーカーの目的 (purpose) をもち，慎重 (careful) で一貫した (consistent) 繰り返し (repetition) と脅威を与えることのない態度 (nonthreatening manner) で，根強く (persistent) 働きかけることで，ソーシャルワーカーは，少しずつケニシャの信頼を得ることができた。ソーシャルワーク・サービスのための裁判所の命令は，動機づけの強化 (motivation enhancer) として用いられた。多くの児童虐待を行う家族に対するように，バーソロミュウ家族が裁判所の命令なしに，サービスを受け入れる (engaged in) ことはありえなかったであろう。

② 契約と構造化されたインターベンション・アプローチ

契約すること (contracting) と構造化されたインターベンション・アプローチ (a structured intervention approach) の使用は，ヒューマン・サービスへの不信感とともに，限られた認知技術しか持たないこの家族に対しては有効であった。具体的であること (concreteness) と特定すること (specifcity)

は，バーソロミュウ家族のために，サービス状況のあいまいさ（ambiguity）を減少させた。

③　他サービス機関との連携

他サービス機関との連携（coordination）は，バーソロミュウ家族へのサービスにおいて効果的であった。他サービスへの依頼（referral）や推薦（recommendation），そしてサービス提供者での間の定期的コミュニケーション（periodic communication）をもつことに加えて，この事例に関わっている専門家同士が，この家族のサービスの受け入れを高めるため，一緒になって働きかける（work together）ことが重要であった。このケースにおいて，CPSワーカーは，ケースマネージャーとして働き，ソーシャルワーカーは，ケースマネージャーと，このケースについての定期的なコミュニケーションをもった。

④　親としての技能訓練

家族は，子どもの発達（child development）と親になるための技術（parenting skill）についての情報を必要とし，受け入れた。アントニーがよちよち歩きの段階に入ると，彼は正常な反抗や筋肉運動を示すことで，自立を表現するようになるであろう。バーソロミュウ家族は圧倒される危険性があり，アントニーを適切に社会化（socialize）することが困難と考えられた。親としての技能訓練（parent-skills training）や子どもの成長に関する知識（child development knowledge）は，バーソロミュウ家族に今後も提供し続ける必要があると考えられる。

⑤　社会的孤立の予防

バーソロミュウ家族の社会的孤立（social isolation）は，将来の児童虐待の危険性をさらに高める。この家族は，医療ケア専門職の息子への関わりを受け入れることで予防のための進展がみられたが，友達，親族，そして近隣からの孤立は続いている。ソーシャルワーカーは，この家族の社会資源として教会をもっと活用すべきであったのだろうか。

⑥ 夫婦関係の活用

バーソロミュウ家族の支持的な（サポーティブ）夫婦関係は，この家族の保護的要因（protective factor）の強化に寄与することができる一つの財産（asset）である。インターベンションは，主にケニシャに焦点化した，なぜなら，彼女は従順さ（amenability）を備えていたからであった。ソーシャルワーカーは，ラリーにもっと十分にインターベンションに関わるよう働きかけるべきであったか？ 彼の薬物依存の可能性は，もっと十分にアセスメントされ治療すべきであったのか？ 家族の社会的そして文化的コンテクストは，十分に考慮されたか？ そうでないなら，ソーシャルワーカーは，他の何かすべきであったのか？ アントニーは，発達の遅延の危険性を減少させるために，高度の育児所（an enriched nursery）に依頼すべきであったのか？ ソーシャルワーカーは，ラリーに対して就職に向けた働きかけをすべきであったか？

17）結　論

過去20年間，このような家族に起きる児童虐待の原因や危険要因（risk factor）の解明が進み，よりよいサービスへの努力がかなり積極的に行われるようになってきた。特筆すべきは，児童虐待の原因論におけるコミュニティの重要性に着目した研究結果に基づくコミュニティ開発（the development of community）と近隣中心プログラム（neighborhood-oriented program）である。

前述したように，Gitterman ed.（2001）の「第2部　生活環境と出来事」には，第1部に個人のライフサイクルに焦点を合わせた「生活状況」（Life Conditions）に関する項目が先に提示されていて，この"個人とライフサイクル"の側面と，第2部の"環境と状況"の相互関係が示されている。この両者の接点に着目し，ソーシャルワーク・プラクティスを行うことは重要である。そして，ギッターマンが，以前に提起した生態学（エコロジカル）モデルを基にした"生活モデル"（ライフ・モデル）において，弱さを示す"バルナラブル"な面に焦点を合わせるだけでなく，強さを示す"レジリエン

ス"という概念を新たに加えて,個人と環境との相互関係を焦点とする"ライフ・モデル"を発展させてきたのも前述の通りである。

　この「児童虐待とネグレクト」に関する事例は,「個人と環境の相互の関係」と「弱さだけでなく,強さを焦点」とするソーシャルワーク・プラクティスの2つの特徴をよく示しているといえる。また,この"個人と環境の接点"という概念は,2001年の「ソーシャルワークの定義」の中の「ソーシャルワークは,…(中略)…人々がその環境と相互に影響し合う接点に介入する」と「人々のエンパワメントと解放を促していく」ということと,2014年の「ソーシャルワークのグローバル定義」中の「ソーシャルワークは,生活課題に取り組みウエルビーイングを高めるよう,人々やさまざまな構造に働きかける」と「人々のエンパワメントと解放を促進する」の2点を包含した概念といえる。

第3章 ソーシャルワーク・プラクティス理論の発展

1 ソーシャル・ケースワークの理論

ソーシャル・ケースワーク関して,1970年にロバートとニーは,『ソーシャル・ケースワークの理論(*Theories of Social Casework*)』を出版している。以下は,その目次である(Robert & Nee ed. 1970)。

第Ⅰ部 ソーシャル・ケースワークの理論(一般的アプローチ)
　第1章 ケースワーク・プラクティスへの心理社会的アプローチ(フローレンス・ホリス)
　第2章 ケースワーク・プラクティスへの機能的アプローチ(ルース・E・スモーレイ)
　第3章 ソーシャル・ケースワークにおける問題解決モデル(ヘレン・H・パールマン)
　第4章 行動変容とケースワーク(エドウイン・J・トーマス)
第Ⅱ部 ソーシャル・ケースワークの理論(中間的アプローチ)
　第5章 家族療法の理論とプラクティス(フランシス・シェルツ)
　第6章 短期療法としての危機介入(リディア・ラポポート)
　第7章 社会化とソーシャル・ケースワーク(エリザベス・マックブルーム)

1922年に出版されたリッチモンドの『ソーシャル・ケース・ワークとは何

第3章 ソーシャルワーク・プラクティス理論の発展

か？（*What is Social Case Work?*）』の中で使用された言葉である"Case Work"が，後に"Casework"という一つの言葉として，その専門知識・技術としてアイデンティティを確立していったことは，前章で指摘した通りである。その後，"ソーシャル・ケースワーク"として体系化され，教育・訓練を通し，専門技術の進展とともに，その専門知識と理論が積み重ねられ体系化されていった。それと並行するように，"ソーシャル・グループワーク"，"ソーシャル・コミュニティ・ワーク（コミュニティ・オーガニゼーション）"，"ソーシャル・アクション"，"ソーシャル・アドミニストレーション"，"ソーシャル・ケースワーク・（クリニカル）スーパービジョン"といった，それぞれの専門技術とともに，その専門知識・理論が体系化され，それぞれの専門性による専門職（団体）が設立され，そのアイデンティティが主張されていくようになった。その方法・過程（method/process）の分離，あるいは乖離が進むとともに，他方では，児童，高齢者，障害，一般医療，精神科医療等，分野が"専門化"し，それぞれの"団体／協会／連盟"が設立され，独自の"社会的アイデンティティ"を主張し，本来の"Social Work"はもとより，一つの"専門・サービス（Professional Service）""ソーシャルワーク・プラクティス（Social Work Practice）"という共通の基盤と原則が失われかけたことがある。その反省を基に，NASW（全米ソーシャルワーク協会）で委員会がもたれ，もう一度，"ソーシャルワーク・プラクティス"の専門価値，専門機能，専門知識，専門技術としての「共通基盤」（common base）が明確にされ，その議論の内容が1970年に出版された『ソーシャルワーク・プラクティスの共通基盤（*The Common Base of Social Work Practice*）』にまとめられた。ここでの重要なポイントは，このタイトルに用いられている"Social Work Practice"の"Common Base"（共通基盤）という言葉である。"Social Work"だけではなく，"Practice"という言葉が付け加えられ，「共通基盤」であるという点が強調されていることに意義がある。

そして次節では，"ソーシャルワーク・プラクティス"における，その専

門知識(Professional Knowledge)に焦点化する。この専門の"知(識)(knowledge)"の中でも、特にソーシャルワーク・プラクティスの"理論"(theory)に的を絞って述べる。時に、"モデル／アプローチ／パースペクティブ(model/approach/perspective)"等の"用語"が用いられることもある。「技術」(skill)は"できるか、できないか"を問う。その選択を方向づけるかもしれないが、「知(識)」は"できるか、できないか"を問わない。"知っているか知っていないか(know)"を問う。あるいは、"語られるか語られないか(ディスコース／ナラティヴ〔discourse/narrative〕)"が問われる。また、"知識"が議論される時、"モダン"と"ポスト・モダン"という見方がある。以下、その"ソーシャルワーク・プラクティス"についての"知(識)"について議論する。

2　ソーシャルワーク・プラクティス理論の発展

リッチモンドが1917年に『社会診断(*Social Diagnosis*)』を書いた時、"サイエンティフィック・チャリティー"がその基盤にあったという主旨のことを述べている。ヨーロッパから多くの新移民を受け入れ、アメリカが産業化、工業化、都市化へと拡大していった時代に、この本は書かれた。科学技術の急速な進歩とともに、資本主義を基とする社会、経済は発展し、"モダン"な時代を迎えようとしていた。他方、ヨーロッパ諸国は、産業革命後の"資本家"と"労働者"の発生とその拡大が新たな社会・経済問題を投げかけ始めていた。その後、福祉国家への傾倒と、他方ではマルクス思想に基づく社会主義国家の誕生があった。また、アメリカを起源とする経済"大恐慌"が起き、多くの国が影響を受け、その善後策として"社会保障"が整備されるようになった。2つの大きな世界の戦争を経験した人々は、自然、人間、社会に対する考え方や思想において、それまでの"モダン"に対し、"ポスト・モダン"といわれる新たな風潮が生まれてきた。建築、芸術、科学等、

第 3 章　ソーシャルワーク・プラクティス理論の発展

多岐にわたる領域で，多様な様相が見られた。

リッチモンドが『社会診断』を書いた時代は，経済において，アダム・スミスの理論に基づく自由経済の成立と資本主義の発展，そしてその後の経済恐慌を世界が経験した。そして政府による財政投融資，社会保障制度整備を進めるべきという大きな政府を主張するケインズ経済学，他方，社会主義国家誕生の呼び水となったマルクス経済学，そして，現在へと通ずる金融政策を中心とする小さな政府を標榜する新自由経済の勃興といった大きな変化のあった時代であった。政治・経済・社会の変化は，"ソーシャルワーク・プラクティスの理論"構築にも波及し，その影響を大きく受けたと考えられる。その理論の発展を，次に見ていこう。

(1) 3つの大きな思想と理論——ポジティビスト・コンストラクティビスト・プラグマティスト

科学を中心としたモダンと，その後のポスト・モダンの出現，そして，その大きな潮流は現代へと続いている。ソーシャルワーク・プラクティス理論を考える上でも，その影響を考えないわけにはいかない。そこで，まず，モダンとポスト・モダンへと通じる考え方や思想を整理しておこう。ソーシャルワークとの関連では，オクタイはその思想とその様相を，"3つの理念型"(Ideal Type) として要約している (Oktay 2012)。一つは，科学思想を原理とする「ポジティビスト」(Positivist)，その近代・現代を席巻してきた"大きな思想や理論"に対する批判としての「コンストラクティビスト」(Constructivist)，あるいは，特にアメリカで発展した「プラグマティスト」(Pragmatist) の3つを，「オントロジー」(Ontology)，「エピステモロジー」(Epistemology)「メソドロジー」(Methodology) の3つの側面に分けて，それぞれの特徴を説明している（表3-1）。

ソーシャルワークの起源をソーシャル・ケースワークの発生の時期と考えると，また，そのケースワークの発生はリッチモンドが『社会診断』を刊行

表3-1 "3つの理念型"("Ideal Type")

	オントロジー (Ontology)	エピステモロジー (Epistemology)	メソドロジー (Methodology)
ポジティビスト (Positivist)	リアリティは存在し、発見できる	理論は研究者によって発見される	データ分析の後に文献検索を行う
		グラウンデッド・セオリーによって、データから理論が現れてくる	分析から"コア・カテゴリー"が現れてくる
		研究者はフィールドに、なんにも書かれていない石板に向かうように入っていく	すべてのカテゴリーは、"コア・カテゴリー"と関連している
		研究者は客観性を維持し、先入観を最小限にする	分析を書きあげる時には、研究者(の作為)を消していく
コンストラクティビスト (Constructivist)	すべてのリアリティは構成される	研究者と応対者によって構成された視点が大切である	研究者と研究者の見方が研究の中心的な構成部分である
	複数のリアリティがある	研究者は研究と無関係ではありえない	研究者は構成を見えるものとするために再帰的(reflexivity)であろうとする
	相対主義(Relativist)		複数の見方が示される
			単一の"コア・カテゴリー"と一つの過程からなる組み合わせは省かれる
プラグマティスト (Pragmatist)	外在的リアリティを受け入れる	客観的見方と主観的見方を合併する	ポジティビストとコンストラクティビストのグラウンデッド・セオリーモデルの両方を用いる
	研究目的のために最も有効なリアリティについての仮説を選択する	研究目的のために最も有効な研究者のスタンスを選択する	研究目的のために最も有効な方法を選択する

出所:Oktay(2012:22)を参考に作成。

第3章 ソーシャルワーク・プラクティス理論の発展

した1917年頃と考えることができる。ヨーロッパで始まった産業革命が世界に波及し、資本主義社会の勃興、産業化、都市化といった近代化が急速に進んできた時代である。『社会診断』は、リッチモンドが、その本の最初に書いているように、サイエンティフィック・チャリティーの考えに基づいてまとめられたものであると言っている。この時代は、科学と技術の目覚ましい発展を招来し、"モダン"な時代へと世界が大きく変化していった時代でもあった。特に、科学的考え方は、世界を席巻していくことになる。この考え方、あるいは思想を信奉する人は、「ポジティビスト」と呼ばれた。つまり、「世界」の中に"リアリティ"(真実)が"先験的"(プライオリー)に存在する。そして、人間は、科学的、合理的知性によって、そのリアリティを"発見"することができるという考え方を信奉する人々である。この「ポジティビスト」の立場が、『社会診断』の中に、原因と結果の因果関係を前提とする"医学モデル"として、色濃く反映しているといえる。特に、後に発展する「診断主義ケースワーク」と呼ばれる"学派"は、この「ポジティビスト」を代表しているといえる。

　Oktay (2012) は、世界が"モダン"から"ポスト・モダン"へと移っていく中で、新たに発展してくる(哲学)思想としての、この「ポジティビスト」とともに「プラグマティズム」と「コンストラクティビスト」の3つが簡潔に説明され、その比較がなされている。その中の「プラグマティスト」は、後の「機能主義ケースワーク」を発展させていく基盤ともなる。また、後述する「コンストラクティビスト」である「構成主義」は、ポスト・モダンのソーシャルワーク・プラクティス発展に大きな影響を与えることになる。「プラグマティスト」は、「世界」の中に"リアリティ"が存在することは受け入れるが、重要なことは、その発見に"有効さ"が強調されることである。人間が存在しようと、存在しまいと、そこに、「真理 (truth)」や「リアリティ／現実 (reality)」が、「世界」の中に始めから(アプリオリ)に存在する (truth, or reality exists primarily) と考えるのではなく、「リアリティ(現実)」

は,「コンストラクティビスト」によると,人間によって,その「世界」の中に"構成・構築(コンストラクト)"されるものである(reality is constructed)とする(哲学)思想がそこにある。この思想が後に「構成主義ソーシャルワーク」を発展させていくことになる。これら"3つの理念系"を踏まえ,以下議論をすすめていく。

この3つの思想・理論は,ソーシャルワーク・プラクティス理論を考える上でも,重要なものである。前述の『社会診断』は,医学的,科学的な考え方を手本とし,人々の"社会的困難"を「診断」しようとしたものである。この本は,その後の「診断主義ケースワーク」の発展へとつながり,その一方,異なる思想と理論に基づく「機能主義ケースワーク」の発展にも影響を及ぼし,ソーシャルワーク・プラクティス理論の歴史において,思想や理論の異なる2つの大きな潮流を作り出すことになる。

(2) 客観主義と構成主義

フィッシャーは,「客観主義」(オブジェクティビスト),「構成主義」(コンストラクティビスト)の「現実」(Reality),「真理」(Truth),「知識」(Knowledge),「意味」(Meaning),「知ること」(Knowing),「科学」(Science),「因果関係」(Causality),「再帰性」(Recursivity),「人」(Person)についての理解の仕方を比較している(Fisher 1991,表3-2)。

表3-2を見ると,たとえば「現実」「真理」「知識」「意味」「知ること」「人」についての理解の仕方が,「客観主義」「構成主義」では,大きく異なることがわかる。たとえば,ソーシャルワーク・プラクティス理論を考える上で,その「理論」あるいは「知識」については,客観主義では,「知識とは,人,世界,その他についての立証できる事実(verifiable facts)から成り立っているものであるとするが,構成主義では,「知識」とは,社会的,そして個人的な仮説の産物の一つとして構成され,そして,言語をとおして発展させられるものであるとなる(Fisher 1991:15)。この考えや思想の違いは,

第3章 ソーシャルワーク・プラクティス理論の発展

表3-2 客観主義と構成主義の認識論の比較

1. 現実（REALITY） 客観主義 　現実（RELITY）とは，観察者（observer）から独立して"そとに（out there）"存在するものである。
構成主義 　現実（REALITY）とは，体験（＝観察するものと観察されるあいだの関係性）として構成されるものである。
2. 真理（TRUTH） 客観主義 　真理について（ABOUT TRUTH），現実（reality）はわれわれに入手できるものである。
構成主義 　真理（TRUTH）とは，観察系の照合枠によって相対的なものである。
3. 知識（KNOWLEDGE） 客観主義 　知識（KNOWLEDGE）とは，人，世界，その他についての立証できる事実（verifiable facts）から成り立っているものである。
構成主義 　知識（KNWOLEDGE）とは，社会的，そして個人的な仮説の産物の一つとして構成され，そして，言語をとおして発展させられるものである。
4. 意味（MEANING） 客観主義 　意味（MEANING）とは，シンボルとシンボルの構成によって外部に存在するものである。
構成主義 　意味（MEANING）とは，解釈（interpretation）の過程として，内的，社会的，そしてその両方において，構成されるものである。
5. 知ること（KNOWING） 客観主義 　知る過程（PROCESS OF KNOWING）とは，範疇化（categorization）と概念化（conceptualization）をとおしてのものである。
構成主義 　知る過程（PROCESS OF KNOWING）とは，観察者の解釈的枠組み（the observer's interpretive framework）の中において，現在の出来事を解釈している，今まさに行われている一つの過程（an ongoing process）のことである。
6. 科学（SCIENCE） 客観主義 　科学（SIENCE）とは，真実（truth）と現実（reality）を発見する一つの方法である。
構成主義 　科学（SCIENCE）とは，観察者が，利用者たちの効用（their utility）のために導き出される特徴に一致するか，検証（test）していく解釈的過程（an interpretive process）の一

第Ⅰ部　ソーシャルワーク・プラクティスの基盤

つである。
7．因果関係（CAUSARITY） 　客観主義 　　因果関係（CAUSALIY）とは線形的（一方向的）なもの（linear）である。もしXが起きて，Yがつづいて起きたならば，その場合，XはYの原因であると言えるかもしれないものである。
8．再帰性（RECURSIVITY） 　構成主義 　　再帰性（RECURSIVITY）とは，一つのシステムの中のそれぞれぞれの要素が，そのシステムの中の自分以外の他の要素に双方向的に作用する条件をあたえ合うことである。
9．人（PERSON） 　客観主義 　　人（PERSON）の行動とは，もしすべての変数の間のすべての関係が分っている場合のみ，十分に決定されたものとなる。
構成主義 　　人（PERSON）とは，行動は決定されたものではない。人々は，自己と環境の間の相互（双方向）関係のなかで，主体性（エイジェンシー，agency）をもち，決定性（choice）をもっているものである。

出所：Fisher（1991：15）を基に筆者作成。

　ソーシャルワーク・プラクティスの「理論」ばかりでなく，具体的なプラクティスにおける「技術」や「過程」に大きな影響を与えることになる。また，多様なプラクティスを発展させていくことにもつながる。このことについて，議論をすすめてみよう。

（3）従来的ソーシャルワークと革新的ソーシャルワークの理論

　ムラリー（Mullaly 2007）は，従来的（conventional）ソーシャルワークと革新的（progressive）なソーシャルワークの理論を比較している（表3-3）。
　ソーシャルワークの理論は，1960年代までにケースワーク，グループワーク，コミュニティ・オーガニゼーションという方法別の「スペシフィック・ソーシャルワーク」が提唱され，その後の1980年代から1990年代にかけて，その方法論を統合化した「ジェネラリスト・ソーシャルワーク」が提唱されるようになった。このジェネリック・ソーシャルワークを，ここでは「一般システム理論」「エコ・システム」（生態学的）「ライフ・モデル」「問題解決」

第3章 ソーシャルワーク・プラクティス理論の発展

表3-3 従来的・革新的ソーシャルワーク・プラクティスの視点／アプローチ

	従来的（Conventional）	革新的（Progressive）
個人変革	環境の中の個人（個人変革，そして／あるいは限定的社会変革）	根本的社会変革／変換
精神力動 行動変容 クライエント中心 クライエント中心 臨床的 家族療法 ケースワーク 行動変容	一般システム理論 エコシステム（生態学的） 生活モデル 問題解決 ストレングス視点	フェミニストソーシャルワーク マルクス主義ソーシャルワーク 急進的ソーシャルワーク 構造的ソーシャルワーク 反人種主義的ソーシャルワーク 反抑圧的ソーシャルワーク 批判的ポストモダンソーシャルワーク

出所：Mullaly（2007：48）を参考に筆者作成。

「ストレングス視点」のソーシャルワーク理論を，「従来的」ソーシャルワークとして範疇化し，その後，2000年代に発展してくるソーシャルワーク理論を，「革新的」（Progressive）としてまとめている。「従来的ソーシャルワークは，"モダン"としての「ポジティビスト」の影響を受けていることが多い。他方，Mullaly（2007）は，この「革新的」ソーシャルワークとして，「フェミニストソーシャルワーク」「マルクス主義ソーシャルワーク」「急進的ソーシャルワーク」「構造的ソーシャルワーク」「反抑圧的ソーシャルワーク」「批判的ポストモダンソーシャルワーク」を挙げている。「革新的」ということは，"ポストモダン"を示唆し，「プラグマティスト」，あるいは，特に「コンストラクティビスト」の影響を受けていることでもある。

1980年代に現れてきた，「ジェネラリスト・ソーシャルワーク」の一つである，「従来的」な「一般システム理論」や「エコロジカル理論」に基づいた「構造的」ソーシャルワークは，それ以前に発展した「スペシフィック・ソーシャルワーク」と他のソーシャルワークの理論の"統合"を果たしてきた。しかし，その後，システム的視点とエコロジカル視点の限界が指摘されるようになってきたのである。その理論は，まず，その"全体"（システム）

を"下位"(システム)等に細分化し,要素に分解して,その"構造"を"記述",あるいは"説明"することはできる。また,全体的かつ生態学的に,その全体と部分と,それらの均衡性(ホメオスタシス)を把握することもできる。しかし,その視点から,"どのように働きかければよいのか",その"予測"を立てることは困難である。また,全体を細分化する方法が曖昧であることが多く,たとえ,その細分化,要素化ができたとしても,そこから,ソーシャルワーク・プラクティスのための方向性を見出すことはできないといった批判が生じた。

また,全体の中の"均衡性"や"調和性"を,エコロジカル視点によってとらえることはできても,その中の"争い"や"闘争"を,この視点からとらえることは困難であるといった指摘もある。つまり,"相互関係"とか,"交互関係"といった概念を使用するが,その"関係性"の内容については説明がなされていない。たとえば,その"関係"が,"パワー"(権力)が働いているのか,あるいは"抑圧"となっているのか,そこからの"解放"はどうすればよいか,といったことを理解するためには,システム理論やエコロジカル的視点を越えて,後述する新たな理論の発展を待たなければならなかった。ここでは,まず,システム視点とエコロジカル視点の限界を指摘したものを示しておこう。

また,ムラリーは従来のソーシャルワークにおけるシステム視点の限界を指摘し,その要約を以下のようにまとめている(Mullaly 2007:49)。

> 1. それらは理論ではない。なぜなら,それらは単に記述的であり,説明的でもないし,予測的な力もない。(They are not theories because they are descriptive only and have no explanatory or predictive capacities.)
> 2. それらは非常に曖昧で一般的であるので,プラクティスのための特定のガイダンスとはならない。(They are so vague and general they offer little specific guidance for practice.)

第3章 ソーシャルワーク・プラクティス理論の発展

3. それらはパワー関係（power relationship）について取り扱っていないし，説明しない。(They do not deal with or explain power relationships [i.e., power differentials].)
4. それらは争いの調整，あるいは対処しない。(They do not accommodate or deal with conflict.)
すべての社会的ユニット，（あるいは，サブ・システム）はお互いに，そして，その大きなシステムとも調和した相互関係としてとらえられている。(All social units [or subsystems] are viewed as interacting in harmony with each other and with the larger system [i.e., society].)
システム・アプローチの全体的目的は，そのシステムを崩壊させる争いを取り除くためのものではない。(The whole purpose of a systems approach is to eliminate any conflict that disrupts the system.)
5. その目標は正常に機能するためのシステムを回復するためであるから，現状を維持していくために働いているのである。(They operate to maintain the status quo since the goal is to restore the system to normal functioning.)
6. 社会問題は，個々人とサブ・システム（たとえば，家族，学校，ピア・グループ，福祉機関）との間の破綻の結果であると信じられている。(Social problems are believed to be a result of a breakdown between individuals and the subsystems [e.g., family, school, peer group, welfare office] with which they interact.)
7. 今‐ここでの状況とインターベンションの可能性に焦点化することは，その歴史を無視することになる。(The focus on the here-and-now situation and possibilities for intervention contributes to a neglect of history.)
8. 不平等を生み出している抑圧的社会構造の認識と分析がない。(There is no recognition or analysis of oppressive social structures that produce inequality.)

"従来的"ソーシャルワーク理論に対し、2000年以降「革新的」ソーシャルワークの発展が見られるようになってきたことは前述したが、新たな理論の発展として、"新構造的"ソーシャルワークが発展してきた。システム論的ソーシャルワークやエコロジカル・ソーシャルワークは「構造的」と呼ばれることもあった。ここでは、その"構造的"に、"新"が付くのである。また、後述することになる"構成的"という言葉と混同しないことである。この"新構造的"ソーシャルワークの特徴は、システム的視点やエコロジカル視点という"構造的"視点ではとらえることができないという批判に対する"新構造的"理論であるといえよう。たとえば、「"社会問題"の原因は、その"社会構造"にある」という考え方が、その基本にある。個人の"問題"も、"その個人に原因がある"というだけでなく、"その社会（構造）に原因がある"というとらえ方である。たとえば、以下の項目にあるように、「社会的不平等は…（中略）…"構造的なもの"であり、"生まれ持っての違い"によるものではない」、あるいは、「人々に対する差別は、"階級""性別""人種"等の違いによって社会の中に構造化されている」といった考え方である。

　また、革新的ソーシャルワークとしての新構造的ソーシャルワークの特徴は、以下の通りである (Mullaly 2007：249)。

1. 社会問題は社会構造、社会制度、社会過程、社会実践、社会関係に組み込まれている。(Social problems are built into the structures〔social institutions, social process, social practices, and social relationships〕of society.)
2. 社会問題の原因として、その個人に焦点化することは、犠牲者を非難していることである。(Focusing on the individual as the cause of social problem is blaming the victim.)

解決すべき社会問題のために、社会構造を変化させなければならない。

第3章 ソーシャルワーク・プラクティス理論の発展

(For social problems to be resolved, social structure must be change.)
3. 社会的不平等は，本質的に，主に構造的なものであり，生まれ持っての違いの結果ではない。(Social inequalities are mainly structural in nature and not the result of innate differences.)
4. 人々に対する差別は，階級，性別，人種，その他の要因に従って，社会が機能する。(Society functions in ways that discriminate against people along lines of class, gender, race, and so on.)
5. 国の制度，たとえば，法律，教育システムは，抑圧の手段として，そして特権的グループに利益をもたらすよう機能する。(The state's institutions, such as the law and educational system, function as instruments of oppression and benefit the privileged groups.)
6. 個人と社会の間の伝統的二律背反は，異を唱える必要がある。つまり，個人の問題は，社会的状況と切り離して考えることができない。(The traditional dichotomy between the individual and society needs to be challenged ; individual problems cannot be understood separate from the social context.)
7. 社会構造，イデオロギー，個人的意識は相互に関係している。つまり，それぞれが，他の要素に影響をする構成要素である。(Social structures, ideology, and personal consciousness are interrelated – each element are component of society impacts on the others.)
8. 知識は客観的ではないし，支配グループの知識は社会において支配的考えを形成し，多くの場合，従属グループの犠牲の上に，支配グループの利益をもたらす。(Knowledge is not objective, and the knowledge of the dominant group forms the ideas in society and reflects the interests of the dominant group, often at the expense of subordinate groups.)
9. 社会変革的視点は，社会問題と抑圧への対応として，採用されなければならない。(A social change perspective must be adopted as a response

111

to social problems and oppression.）

10. 慣例的ソーシャルワークは，根本的社会変革よりも，個人変革，そして／または限定的社会改革によって，社会問題を永続させる。（Conventional social work perpetuates social problems by focusing on personal change and/or limited social reform rather than fundamental social change.）

11. ある種の再構成された民主社会主義に賛成して，資本主義は拒否すべきである。（Capitalism should be rejected in favor of some kind of reconstituted democratic socialism.）

12. ただ一つの抑圧の原因や形態が源になると主張することはできない。（No single source or form of oppression can be claim primacy.）すべての原因や形態は拒否されるべきであり，抑圧のどのような階層も発展させてはならない（つまり，抑圧は，特定される一つの原因によって，抑圧という一つの結果を引き起こしていると考えるのではなく，全体の中に構造的，ハイアラキー〔上下関係〕としてくみこまれていると考えるべきである。一つの抑圧の原因を追究し，それに対処するのではなく，抑圧を引き起こす全体として構造的にくみこまれているすべての原因を拒否し，抑圧の構造的，ハイアラキーを発展させてはならない。）。（All sources and forms of oppression are to be rejected, and no hierarchy of oppression is developed.）

13. 資本主義社会における福祉国家は資本主義を支え，すべての抑圧的社会関係を再生産する手段として作用する。（The welfare state in a capitalist society props up capitalism and operates in way to reproduce all oppressive social relations.）

14. モダニスト批判的社会理論と批判的ポストモダン理論の積極的そして解放的側面，その両方が（新構造的ソーシャルワークの）中心となる重要なものである。（The positive and liberating aspects of modernist critical social theory and of critical postmodern theory are both of central

importance.)
15. 社会変革の焦点として,「個々のエージェンシー」, あるいは「組織的な勢力」のどちらか一方を強調することは, 過度な単純化である。(Emphasizing either 'individual agency' or 'structural forces' as the focus for social change is overly reductionist.)
社会問題を理解し, 構造的アプローチを発展させるために, 両方 (個々のエージェンシーと組織的な勢力) が必要である。(To understand social problems and develop structural approaches, both are necessary.)
16. ドミナントな秩序は対決しなければならないし, 犠牲者非難, 自由市場礼賛, 福祉依存, その他に対しても, カウンター・ディスコースを発展させていくことによって, 抵抗しなければならない。(The dominant order must be challenged and resisted by developing counter-discourses to victim-blaming, free-market glorification, welfare dependency, etc.)
17. ソーシャルワークには反抑圧アプローチが適用されるべきである (第4章参照)。(An anti-oppressive approach to social work should be adopted [see next chapter].)

# 第Ⅱ部　ソーシャルワーク・プラクティスを発展させた主な理論

第4章 構造的ソーシャルワーク・プラクティス理論

　構造的 (structural) ソーシャルワークに関して，ルンディの『ソーシャルワークと社会正義——プラクティスへの構造的アプローチ (*Social Work and Social Justice : A Structural Approach to Practice*)』(2004年) と『ソーシャルワークと社会正義と人権——プラクティスへの構造的アプローチ (*Social Work a, Social Justice, & Human Rights : A Structural Approach to Practice*)』(2001年) がある。ムラリーは，2007年に『新構造的ソーシャルワーク (*The New Structural Social Work*)』を出版している。

　ここでは，ルンディの『ソーシャルワークと社会正義——プラクティスへの構造的アプローチ』を取り上げ，構造的ソーシャルワーク・プラクティス理論 (Structural Social Work) とは，どのようなものなのかを解説する。

　前述した「新構造主義」は，"個人の問題は，その個人に原因がある" と考えるのではなく，根本的には，"個人の問題はその社会に原因がある" と考え，その個人の「問題」の解決には，その「社会構造」に働きかける必要性を主張した。ところが，ここで取り上げようとしているルンディの「プラクティスへの構造的アプローチ」は，"人々が直面している出来事や問題は，社会的，政治的，経済的状況に，その原因がある" と認めるが，"ソーシャルワーカーが提供するプラクティスや援助は，個別的レベル (individual level) のものであり，個人的 (personal) なものである" と主張する点に違いがある。個人の問題の原因が社会にあるという考え方は同じ「構造主義的」であるが，ソーシャルワーク・プラクティスにおいては，「個別レベル」であり「個人的」なものであるという主張の違いが見られる。個人の問題の原

因は「構造的」(structural)にとらえるが,プラクティスにおいては,「個別的」「個人的」であるといった「関係性」を取り上げるところに,特徴がある。

そこで,この「個別レベル」であり,「個人的」であると主張するプラクティスとは何かを,以下,さらに深めてみよう。ルンディは,ソーシャルワーク・プラクティスにおける「社会構造的問題」のとらえ方と,「個別レベル」であり「個人的」なとらえ方の「二面性」の統合に関し,議論を展開している。つまり,「構造的」であることと,「構成的」であることの調和を図ろうとしていると考えることもできよう。そのことを,以下,さらに深めてみよう。

1 構造的ソーシャルワーク・プラクティスの枠組み

構造的ソーシャルワーク・プラクティスの枠組みを示している『ソーシャルワークと社会正義——プラクティスへの構造的アプローチ』の目次は以下の通りである。

第1章 ソーシャルワーク,社会福祉とグローバル経済 (Social Work, Social Welfare, and the Global Economy)

第2章 ソーシャルワークの歴史的発展 (Historical Developments in Social Work)

第3章 構造的ソーシャルワーク——理論・イデオロギー・プラクティス原則 (Structural Social Work: Theory, Ideology, and Practice Principles)

第4章 不平等と社会的位置の重要性 (The Importance of Inequality and Social Location)

第5章 倫理的プラクティス (Ethical Practice)

第6章 援助過程——アセスメントとインターベンション (The Helping

Process : Assessment and Intervention）
第7章　エンパワメントと変革の促進（Facilitating Empowerment and Change）
第8章　エンパワメントと支持のためのグループの利用（Use of Groups for Empowerment and Support）
第9章　コミュニティを基盤としたソーシャルワーク・プラクティス（Community-Based Social Work Practice）
第10章　実践領域・プロフェッショナル協会・団体メンバーシップ（The Workplace, Professional Associations, and Union Membership）
資料1．国連人権宣言（Universal Declaration of Human rights）
資料2．カナダ・ソーシャルワーカー協会倫理綱領（Canadian Association of Social Workers Code of Ethics）
資料3．全米ソーシャルワーカー協会倫理綱領（National Association of Social Workers Code of Ethics）

　次節では，「第3章　構造的ソーシャルワーク——理論・イデオロギー・プラクティス原則」「第4章　不平等と社会的位置の重要性」「第6章　援助過程——アセスメントとインターベンション」を取り上げて議論する。構造的ソーシャルワーク・プラクティス理論の基盤となる「資料1　国連人権宣言」と「資料3　全米ソーシャルワーカー協会倫理綱領」中の「価値と倫理原則」は，邦訳を付けて章末に掲載する（資料4-1～2）。

2　構造的ソーシャルワーク理論とプラクティス原則

　まず第3節だが，その内容の項目は以下の通りである（Lundy 2004：47-70）。

第4章　構造的ソーシャルワーク・プラクティス理論

1. 理論，モデルとアプローチ（Theory, Model, and Approaches）
2. イデオロギーを取り入れる（Taking Ideology into Account）
3. 組織的枠組み（Organizing Frameworks）
4. 構造的ソーシャルワーク（Structural Social Work）
5. 社会構造の役割（The Role of Social Structures）
6. 社会正義と人権（Social Justice and Human Rights）
7. 構造的ソーシャルワークの原則とプラクティス（Principles and Practices of Structural Social Work）
   (1) クライエントの防衛（Defense of the Client）
   (2) 協働化（Collectivization）
   (3) ニード・資源充足化（Materialization）
   (4) ワーカー・クライエント関係におけるクライエントの力を高める（Increasing Client Power in the Worker-Client Relationship）
8. 要約（Summary）

3　構造的ソーシャルワーク

　構造的ソーシャルワーク・プラクティス理論を理解していく上で前提となることに，「人々が直面している出来事や問題は，広く社会的，政治的，経済的状況に根づいていると，私たちは見ている」が，実は同時に「ソーシャルワーカーが提供するほとんどの"援助（help）"は，個別レベル（an individual level）のものであり，問題は広範な社会構造的問題（social structural problem）を反映しているというより個人的（personal）なものである」（Lundy 2004：56）と，ルンディは述べている。

　そこで，"プラクティス"において，以下の2つの側面を同時に考える必要がある。

第Ⅱ部　ソーシャルワーク・プラクティスを発展させた主な理論

　「個人的トラブル（personal trouble）と公的出来事（public issues）との顕密な関連は，セラピーやカウンセリングを通しての個人的変革（personal change）をソーシャルワーク・プラクティスの目標とするか，アドボカシーと活動（activities）を通しての社会変革（social change）を目標とするかに反映してくる。」

　「それはまた，ケースワーク対コミュニティ・オーガニゼーションと開発（development），そして社会政策の実現（implementation of social policy）における役割の葛藤がある。」

　また，"ミクロ"と"マクロ"におけるソーシャルワーク・プラクティスの問題も付け加えている。また，そのようなソーシャルワーク・プラクティスのもつ2つの側面において，構造的アプローチの意義を以下のように説明している。

　「ソーシャルワークへの構造的アプローチは，個人的なこと（the personal）と社会的なこと（the social），その個人（the individual）とその地域（the community）といった二重性（duality）に橋渡しをするものであり，そして，一般的には支えとなり，あるいは社会問題を引き起こすこととなる社会構造（social structure）と社会過程（social process）の枠組みにおける多様な対象者（diverse populations）を，ソーシャルワーカーが理解することを提供するものである」（Lundy 2004：57）

4　ソーシャルワークへの社会構造の役割

（1）社会構造のダイナミックな定義

　また，ルンディは，「ソーシャル・ストルクチュアーのダイナミックな定義」を行っている（Lundy 2004：59-60）。まず，構造的ソーシャルワークに

とって社会構造の特質と役割は中心的な事柄であるが，ソーシャルワークの過去の文献において，その構造を静的（static）なものとしてとらえる傾向があることを指摘している。そして，次のように述べている。

「社会構造（social structure）は，力（power）と反抗（resistance）とが造り出すダイナミックな結果（products）である；統治（domination）と闘争（struggle）がその歴史の原動力（motor）である。言い換えれば，どのような社会形式（social formation）の構造であれ，そのときの階級（class）と社会闘争（social struggle）の複雑な結果なのである。」（Lundy 2004：59）

そこで，ルンディは，「国，資本，労働を含むカギとなる体制（key institutions）の三者間（among）の，あるいは二者間（between）の永続する関係（enduring relationships）の集合（sets）として…（中略）…。社会構造（social structure）とは，人々の間の関係の結果（the product of relation）であるという意味で社会的（social）な制度（institutions）の事である。また，この社会的な制度の中にみられる関係（relationship）の比較的安定した秩序（a relatively stable ordering）を持った構造（a structure）である。社会構造とは，家族のように親密なものもあり，イデオロギーに基づいている場合もある，そして家父長のしきたりのようなもの，あるいは生産モード（社会が物資を生産し，再生産するその方法。カナダの例は，資本主義〔capitalism〕を通して行われる）のような抽象的なものもある」というダイナミックな定義をしている（Lundy 2004：59）。

（2）構造的アプローチの具体例

ソーシャルワーク・プラクティスに関連して，「ソーシャルワーカーは，以上のことを頭に入れて，個人の問題やニーズに対応するだけでなく，クラ

イエントの問題の原因となっているかもしれない，あるいはクライエントのニーズを充たすために妨害となっているかもしれない，制度的形式 (institutional formation) と社会関係 (social relationship) にも対応する構造的アプローチを用いる」べきと主張している (Lundy 2004：59)。また，構造的アプローチに関する具体例を，以下の2つ挙げている (Lundy 2004：59-60)。

　「男性パートナーから物理的な暴行を受けている女性を援助する事例において，彼女の社会的，人種的，そして，エスニシティ，年齢，能力と障害，出身についての理解とともに，どのようにそのような要素と性別の不平等が彼女の状況に影響しているかを理解することは，より良いアセスメントを提供することになるであろうし，専門家としてのソーシャルワーカーの対応を示してくれることになる。たとえば，失業中の男性とパートナー関係にある女性，あるいは，家族収入が1万5,000ドル以下の女性は，その男性パートナーから暴力を受けやすくなる傾向があることが知られている。そのような状況において，男性の家長的な考え方は，非常に少ない経済的資源しか持たない家族を支えるために戦っている多くのカップルが抱えている緊張とストレスを増長することになる。また，その女性が仕事についていないか，あるいは経済的自立していないならば，安心と安全の選択肢へのチャンスは少なくなる。シェルターを去った女性は，虐待するパートナーのところに戻っていくことになる。なぜなら，彼女自身と子どもたちを養えないからである。」

　「アボリジニでありブラックである女性は，サービス提供者から差別 (discrimination) や人種差別主義 (racism) を経験したことがあるかもしれない。そして，多くの女性は，家族，学校，政府，司法，そして教会といった社会構造において広く存在している性差別 (sexism) に直面したことであろう。障害をもった女性は，シェルターを利用できないことで，その脆弱性 (vulnerability) が増すことになる。女性として，彼女は

また,彼女自身に対し,パートナーや他の家族のメンバー,そして彼女が出ていくところ,あるいは彼女が所属するその社会制度（social institution）と社会構造（social structure）から,ステレオタイプと否定的メッセージ受け取り,自分自身のなかに内在化する（internalized）ことになるかもしれない。」

(3) 構造的アプローチを用いたソーシャルワーク・プラクティス

ルンディは,以上の構造的アプローチを用いたソーシャルワーク・プラクティスについても以下のように触れている。

「いくつかの抑圧的要因（oppressed factor）があっても,その女性の強さ（woman's strength）と,いかにこれらの力の衝撃から生きのこるか（survive）ということを見出していくことが重要である。」

「彼女に,制限を与えている,あるいはチャンスを与えることになる彼女の特異な状況（particular situation）と社会的要因（social factor）を理解することで,私たち（ソーシャルワーカー）は,彼女が必要とする専門的サポートを与えることができる。」（Lundy 2004：60）

また,ソーシャルワーク・プラクティスにおいて,クライエントに対することだけでなく,他の人々との関係を作り上げていくことの重要さも,以下のように指摘している。

「ソーシャルワーカーとしての私たちの活動（our action）と,多くの他の人々合同（in conjunction with many other people）することによって,私たちは,それぞれの相互関係（interaction）,争い（conflict）,そして矛盾（contradiction）のある社会構造を保持し,あるいは変革していくことが,社会の弁証的理解（a dialectical understanding of society）の仕方の一

部である。」(Lundy 2004：60)

5 社会正義と人権

構造的ソーシャルワーク・プラクティス理論を考える上で，そのソーシャルワーク・プラクティス理論の基盤にある専門職としての使命であり原則，そしてその価値と倫理を考えなければならない。ルンディは，「6．社会正義と人権」(Lundy 2004：60-62) の中で説明を加え，その重要性を指摘している。ルンディは，「不正義 (injustice) と不平等 (inequality) は，人々の基本的人権 (the basic human rights of people) を侵害するものである」と述べ，1948年の「世界人権宣言」が，経済的，文化的，社会的権利のための共通基準として採択されたことを記している（資料4-1）。NASW（全米ソーシャルワーカー協会）は，この「世界人権宣言」を支持し，その倫理綱領の中に価値として明記している（資料4-2）。また，基本的人権の内容を以下のように要約して示している (Lundy 2004：61-62)。

1. 例外なく，すべての人々とその家族の健康と幸福が充たされるスタンダード・オブ・リビングの権利（The right to a standard of living that is adequate for the health and well-being of all）
2. 食料と栄養状態が充たされる権利（The right to adequate food and nourishment）
3. 衣服が充たされる権利（The right to adequate clothing）
4. 住居が充たされる権利（The right to adequate housing）
5. 基本的な健康的ケアを受ける権利（The right to basic health care）
6. 教育を受ける権利（The right to an education）
7. 失業，病気，障害，寡婦となった際の社会的保障の権利（The right to security in the event of unemployment, sickness, disability, widowhood, old

age, or other lack of livelihood beyond one's control）
8. 必要な社会サービスを受ける権利（The right to necessary social services）
9. 非人道的刑罰を受けない権利（The right not to be subjected to dehumanizing punishment）

次に、ソーシャルワーク・プラクティスにおいて見られる、クライエントが直面する「人権侵害」と「社会不正義」について、ルンディは以下のように範疇化している（Lundy 2004：62）。

1. 貧困（Poverty）
2. ホームレス（Homeless）
3. 社会的排除（Social exclusion）
4. 暴力（Battering）
5. 差別（Discrimination）
6. 搾取（Exploitation）

6 不平等と社会的事由

社会構造としての"人権侵害"と"社会不正義"について述べてきた。その社会構造の中に、前述した"貧困""社会的排除""差別""搾取"等が、なぜ作り出されてくるのであろうか。次に、原因や要因を考えてみよう。社会構造としての"人権侵害"や"社会不正義"としては、（一般の）人々の中（意識／こころ）に生まれてくる"差別（感／意識：discrimination）"と、社会制度として法律や条例として明記される"（社会的）排除（social exclusion/segregation）"がある。

この点を考える上で重要になる「世界人権宣言」の第1条と第2条を見て

おこう(資料4-1参照)。第1条において「すべての人間は生まれながらにして自由であり,かつ,尊厳と権利とについて平等である」と記され,第2条に「すべての人は,人種,皮膚の色,性,言語,宗教,政治上その他の意見,国民的若しくは社会的出身,財産,門地その他の地位又はこれに類するいかなる事由による差別をも受けることなく,この宣言に掲げるすべての権利と自由とを享有することができる」ことが明記されている。

裏返していうと,この「世界人権宣言」が示していることは,"現実"の人間社会は,このような状況にはない,ということである。つまり,「人種,皮膚の色,性,言語,宗教,政治上その他の意見,国民的若しくは社会的出身,財産,門地(出自)その他の地位又はこれに類する事由」によって,"貧困""社会的排除""差別""搾取"等が,人間社会を構成する現実の人々の間に生まれ,"人権侵害"と"社会不正義"の社会構造が形づくられていくことを示唆している。

ルンディは,「第4章 不平等と社会的事由の重要性」の冒頭に,以下のように述べている(Lundy 2004:71-90)。

> 「構造的不正義と不平等(structural injustice and inequality)についての批判的気づき(a critical awareness)は,多様な人々(diverse population)への配慮,そして,不平等,搾取,そして差別に対抗する際に私たちがその本質を理解する助けとなる。日常の個々人に影響している複合する社会的要因を理解することから始めよう。」(Lundy 2004:71)。

そして,"複合する社会要因"について,その例として,"ソーシャルワーカーが,その社会の中でパワー(power)をもつ人と関係を持っている人々(powerful people)はだれか?(あるいは,パワーを持っている人と関係を持っていない人々〔powerless/oppressed people〕はだれか?)"を見出すため,ルンディ(Lundy 2004:72)は,その書の中に,ブラウン(Bruun 1991)の作成した図

第4章 構造的ソーシャルワーク・プラクティス理論

図4-1 "パワー・フラワー"の簡略図

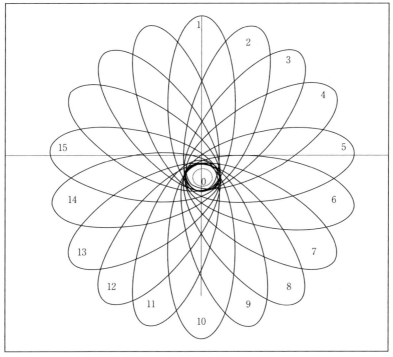

出所：Lundy（2004）を基に筆者作成。

（"パワー・フラワー"）を引用して示している（その図には，以下の説明文がつけられている。："The power flower" by Margie Bruun-Meyer/ArtWork, from *Educating* for a Change by Rick Arnold, Bev Burke, Carl James, D'Arcy Martin, and Barb Thomas（Between the Lines, 1991）. Reproduced by permission.）。その図を参考に，筆者が作成したものが図4-1である。

その説明は以下の通りである。

「"パワー・フラワー"は，最初，人種差別をしないようになるための訓練として開発されたものである」。

127

そのカテゴリーである社会的事由の項目は以下の通りであり、"パワー・フラワー"を簡略化して作成したものが、図4-1である。

0. 人（間）／人々（A Person/Human Being/People）
1. 性別（Sex）
2. 人種（Race）
3. 民族（Ethnic Group）
4. 言語（Language）
5. 宗教（Religion）
6. 家族形態（未婚？既婚？）（Family（single? nuclear?））
7. 社会階級（Social Class）
8. 年齢（Age Group）
9. 教育（Education）
10. 人間と人間以外（Human/Non-human）
11. 障害（Ability/Disability）
12. 自然との関係性（Relationship to the Natural World）
13. 出身地／出自（Geographic Region（origin））
14. 居住地（Geographic Region（current））
15. 性的指向（Sexual Orientation）

ルンディは、「演習」の例を以下のように挙げている（Lundy 2004：71）。

「参加者は、対象となる人（人々）は、どの花びら、つまり、社会の中の他のメンバーの経済的、政治的、社会的参加をコントロールしている社会のドミナント・グループ（dominant group）、と関連があるかと問われる。一般的には、ドミナント・グループは、白人（white）、男性（male）、ヘテロセクシャル（異性愛者）（heterosexual）、上流クラス（upper class），中年（middle-age），そして健常者（able-bodied）の人々である。」

つまり，それ以外の花びらに属する人々は，たとえば，白人ではなく，女性で，同性愛者，下層の人，子どもや高齢者，そして，障害や病気がある人々は，少数者（minority）であり，パワーレス（powerless people）であり，オプレスド・ピープル（oppressed people）に陥る傾向があると，この演習を通して理解することができるようになる。

7　構造的ソーシャルワーク・プラクティスの原則

（1）伝統的ソーシャルワーク・プラクティス

以上の議論を通し，ルンディは「ソーシャルワーカーは，人々が直面している貧困（poverty），ホームレス（homeless），社会的排除（social exclusion），暴力（battering），差別（discrimination），搾取（exploitation）という非道を，最初に目撃することになる。そこで，社会正義と人権にコミットメントすることが，構造的ソーシャルワークのプラクティスに情報を与えてくれることになる」とまとめている（Lundy 2004：62）

先に，ルンディは，伝統的ソーシャルワーク・プラクティスと構造的・ソーシャルワークとの違いについて述べている。伝統的ソーシャルワーク・プラクティスは，2つに大きく分けられる（Lundy 2004：62）。

直接サービス（direct service）
- 個人へのプラクティス（individual practice）
- 家族へのプラクティス（family practice）
- 集団へのプラクティス（group practice）
- 地域へのプラクティス（community practice）
- 他のサービスの紹介・依頼（providing referral）

- アドボケート／代弁（advocating）

間接サービス（indirect service）
- ソーシャル・ポリシーの分析と開発（social policy analysis and development）
- プログラム開発（program development）
- ソーシャル・ポリシーとアドミニストレーション（social policy and administration）

　伝統的ソーシャルワーク・プラクティスにおけるこの二分割性（division）について，ルンディは「ソーシャルワークへの構造的アプローチは，この分割を人工的（artificial）なものであると考える。ほとんどのソーシャルワーカーにとって，知識と専門的技術（expertise）は，そのように簡単に二極化（polarized）できるものではない」と疑義を唱えている（Lundy 2004：62）。そして，以下の2つの具体例を挙げている。

　　「一方では，児童保護ワーカー（child protection worker）として，直接サービス役割（direct service role）に，専門の介入技術（intervention skill）をもってソーシャルワーカーが従事していくとともに，他方では，そのソーシャルワーカーは，クライエントのことに関連している，あるいはソーシャルワーカーの関わり（intervention）への機会を制限することになる政策や法律について考えを働かせると同時に，危機におかれている児童と若者について，頭の中で考え（conceptual understanding）をめぐらすことになるであろう。」（Lundy 2004：62）

　　「地域健康センター（community health center）の管理主任（executive director）は，政策作成の専門技術を用いるとともに，社会福祉と社会正義への配慮に対応して，地域への関心とダイレクト・プラクティスへの関心と方策をも用いるであろう。」（Lundy 2004：62）

（2）構造的ソーシャルワークの目標／原則とプラクティス

次に，ルンディは伝統的ソーシャルワーク・プラクティスに対して，「構造的ソーシャルワーク・プラクティスの原則とプラクティス」を提示している（Lundy 2004：62-67）。まず，その5つの目標／原則を，以下に説明する。

1）クライエントの権利を守る

ソーシャルワーカーは，クライエントの資格と権利を守る援助を行い，"ほとんどの場合そうであるが，その困惑し非友好的な制度に対して，自ら防衛する"よう，クライエントを促す。クライエントとの同盟とアドボケートとして，ソーシャルワーカーは，資格と権利，そして機関が持っている社会資源とその組織に関する情報を与え，考えを訴え，手紙を書き，会合にクライエントを同伴し，そして，時には，抑圧的な機関の政策と提案を覆し，反対する。

2）クライエントが他の人々とつながりをもてるように関わる

この目標は，いかにクライエントの困難を他の人と共有し，孤立と阻害をできるだけ減少させるか，ということについて，クライエントに情報を提供することである。このことは，クライエントをサポート・ネットワークにつなげていき孤立を軽減させることによって，問題を正常化していくことで成し遂げられる。それと同時に，ソーシャルワーカーはまた，協同行動を通して社会変革の必要性がある場合，個人的解決の限界にクライエントが疑問をもてるよう，そのことを認識し援助する。

3）目に見えるかたちの具体化を行う

具体化分析は，構造的ソーシャルワークの基本的考え方であるが，人々の生活，そして，自分自身の知覚に影響を与え，そして，人々が経験する問題ともなる具体的状況に関する理解の仕方の一つである。クライエントの状況や特殊な問題に関するアセスメントは，できるだけ多くの社会資源を得ることによって行われる。それらは，たとえば，シェルター，お金，食糧，ソーシャル・サービスといった"ハード"な資源と，尊敬，ケアー，社会的に認

められることといった"ソフト"な資源である。

4）ソーシャルワーカー――クライエント関係を通し，クライエント自らがパワーを高めていけるように関わる

クライエントとソーシャルワーカーのパワーの違いを少なくしていくために，また，"クライエントの尊厳と自主性を尊重すること，もっているストレングスを評価すること，専門的役割の範囲を表明すること，明確な契約を行うこと，距離を近づけること，介入における合理性を享有すること，自助を奨励すること，グループを利用すること，そして，自己開示を行うことは，援助関係に不可欠であり，そのことによって援助関係を深めていくことができる。この過程に，クライエントのファーストネームを用いること，そして，雇い入れることでソーシャルワーカーの役割をわかってもらうこと，クライエントについて何が語られ，何が記録されているか，クライエントが見ることができることを保証すること，そして，秘密保持を守ることを付け加えることができる。目的，目標，課題を明確にする契約書の利用は，関係を的確に位置づけることになる。クライエントのエンパワメントを，あるソーシャルワーカーは次のように表現している。

　「それらの問題を解決しているのは私ではありません。クライエント自らが解決しているのです。ただし，私はエネルギーをつないでいく一つの触媒（catalyst）であり，クライエント自らが理解を深めていっているのです。他の人々の問題を，私が背負ってあげようとしているのではありません。私は，クライエントが問題を引き受け，また，クライエントが解決を見出せるようクライエントをエンパワーしたいだけです。」
（Lundy 2004：66）

5）個人変革を通してクライエントのパワーを高める

クラインエトの個人変革のソーシャルワーク・プラクティスは，「社会的

文脈（the social context）からの（クライエントへの）強い影響をソーシャルワーカーは認識してはいるが，クライエント個人の，自己破壊的であり，そして／あるいは他の人を破壊しようとする考え，感情，そして行動を変えていくためのクライエントの潜在的力（ポテンシャル〔the client's potential〕）を最大化（maximize）することを目的とするものである」（Lundy 2004：66）。クライエント自身の個人的問題を，社会的文脈の中で関係づける批判的判断力（a critical understanding）を身に付けられるようにクライエントをアシストし，その個人的目標の解決に向けてクライエントを支えていくことで，クライエントのストレングスを見つけ出し，そのクライエントの強さとコミュニケーション（会話）していくことによって，この5つ目の原則／目標は達成される。また，クライエントの環境（circumstance）を変えていく可能性を広げる人々と結びつくことによって，クライエントの状況（situation）について，その人々が理解していけるよう，ソーシャルワーカーは，その人々に働きかけることができる。

8 構造的ソーシャルワーク・プラクティスの援助過程
―― アセスメントとインターベンション

ルンディは，第6章において構造的ソーシャルワーク・プラクティスの「援助過程――アセスメントとインターベンション」（Lundy 2004：11-127）について説明している。その項目は以下の通りである。

1．機関に所属する専門職としてのプラクティス（Agency Context）
2．個人的・政策的チューニング・イン（Personal and Political Tuning-In）
3．専門的援助関係（The Helping Relationship）
4．アセスメント（The Assessment）
5．ヒューマン・ニーズと人権（Human Needs and Human Rights）
6．アセスメント様式（Assessment Format）

7．アセスメント・ツール（Assessment Tools）
8．コンタクト（The Contact）
9．終了インタビュー（Ending Interview）

以下，以上の項目のうち，「構造的ソーシャルワーク・プラクティス」の特徴を最もよく示している「機関に所属する専門職としてのプラクティス」，「個人的・政策的チューニング・イン」「専門的援助関係」「アセスメント」について説明する。

（1）機関に所属する専門職としてのプラクティス

ソーシャルワーカーは，慈善組織（COS）の中で働く友愛訪問員を源として専門性を確立してきたという経緯がある。現代の多くのソーシャルワーカーは，プライベート・プラクティスもあるが，公的，あるいは私的な社会機関（social agency）に所属し，その中でのプロフェッショナル・サービスや，プロフェッショナル・プラクティスを行うようになってきた。前述してきたように，クライエントが社会構造の文脈の中で理解される必要があるように，ソーシャルワーク・プラクティスも，社会構造の中で，また，所属する社会機関の枠組みにおいて理解する必要がある。

ルンディはこの点について，「ソーシャルワーカーは，たとえば，家族機関，病院，刑務所，グループホーム，シェルター，コミュニティセンターといった多彩で多様な機関において，プラクティスを行っている。ソーシャルワーク・プラクティスを行う場所にかかわらず，ソーシャルワーカーは，個人と家族への専門的援助過程にかかわり，多くの場合，その状況，社会資源，そしてサポート・ネットワークに関するアセスメントを行い，行動計画（a plan of action）や治療的契約（therapeutic contract）を話し合ってきたし，ソーシャルワーク・プラクティスに向けての事前のサポートを行ってきた」（Lundy 2004：111）と述べている。

自分自身の困難に対応するために必要な人的、あるいは物質的な資源をもっていないとき、あるいは、法律的な命令によって、あるいは個人の意思で専門的支援を求めるとき、個人や家族はソーシャルワーク機関を訪ねてくる。彼らが援助を求める決心をすることは容易なことではないし、決心して機関を訪ねてきたときには、多くの人は緊張して不安である。そのため、受付を行う人（receptionist）は、彼らと最初に出会う（contact）ので、彼らに歓迎され（welcoming）尊敬され（respectful）なければならない。

（2）チューニング・イン

構造的ソーシャルワーク・プラクティスにおける"チューニング・イン"（波長合わせ）の重要さを指摘するともに、ルンディは、これを「その人（人々）と問題状況に関する個人的な先入観、気持ち、関心に、ソーシャルワーカーがふれあうことによって行われる準備過程の一つである（Tuning-in is a preparation process by which the social worker gets in touch with personal biases, feelings and concerns regarding the person〔s〕and problem situation.）」と定義している（Lundy 2004：112）。また、シュワルツ（William Schwartz）を引用して、「準備的共感を作り出していく一つのアプローチとしての"波長合わせ"（"tuning-in" as an approach for developing preparatory empathy）」と述べている（Lundy 2004：112）。面接（interview）で明らかにされていくことへの予期、ソーシャルワーカーをして、より感受性ある傾聴者であり、効果的プラクティショナーであるように準備することが求められる。

（3）専門的援助関係

すべてのソーシャルワーク援助は、ソーシャルワーカーとクライエントの治療的関係（a therapeutic relationship）の枠内で展開する。積極的な関係を最大限発展させるソーシャルワーカーは、"尊敬、関心、興味、思いやり、信頼、親しみ、謙遜、同情、温かさ、感心、共感、受容、哀れみ、理解、支持、

元気づけ,忍耐,慰め,気遣い"をする人である。初回の会合の最初の数分が関係を発展していく上で,最も重要なことである。挨拶と紹介をしている間,クライエントは,ソーシャルワーカーが自分を援助するために信頼できる人であるかどうか,綿密に観察するだろう。むしろ,秘書によってクライエントと家族が部屋に案内されてくるのを待っているより,ソーシャルワーカー自らが待合場所に出て行って,自己紹介し,あたたかくクライエントを迎え,招き入れる方が望ましい。そしてソーシャルワーカーは,クライエント一人ひとりの名前を聞き,正しい発音を覚える時間をとり,その一人ひとりとつながることによって,面接を開始していくことができる。その目標は,話し合いの基礎となる関係を築くことであり,援助関係を気軽なものにしていくことで,ソーシャルワーカーにかかる負担は減少し,クライエントのパワーは高まる。

一般的に,最初の面接において,紹介の後,機関についてとサービス利用者が利用できるサービスについて,ソーシャルワーカーは,以下のようにクライエントに伝えるものである。

> 「あなたのことについてお聞きする前に,この機関についてと,どのように援助していくか,私たちから何が期待できるか,といったことを話す時間をとりましょう。」

それから,ソーシャルワーカーは,機関の中でのソーシャルワーカー自身の役割,そして必要であれば,この機関のこと,利用できる社会資源のこと,そして,クライエントの権利と資格についての情報を提供する。サービス契約 (the service contract) は,その機関の義務と,機関とクライエントの関係を明確にする最初の両者の同意 (the initial agreement) である。クライエントは,面接の長さ,サービス料,そして,機関が開いている時間と関連する機関の方針について知らされる。サービス契約は,一般的にインテイクの時か,

あるいは初回面接に先立って行われる。一度これらの初期手続きが議論されると，アセスメントの過程を開始する。

（4）アセスメント

ソーシャルワーク・アセスメントは，契約の最初の数分から始まっているし，電話で行われるかもしれないし，日程が決められた1対1での面談において，あるいは，危機的状況にあるクライエントの場合は1時間以上の時間をとって行うべきである。アセスメント過程は，プラクティスの場面によって違うであろうし，ソーシャルワーカーが会っている人が，1人なのか，カップルなのか，あるいは家族なのかによっても異なるであろう。面接は援助を受ける人のために開始するものであって，援助している人のためのものではない。そして，ソーシャルワーカーは，"クライエントがいるところから始める（begin where the client is）"ことが重要であり，クライエントの関心に対応することが重要なことである。援助の過程（the process of helping）は，アセスメントと行動（assessment and action），行動とリフレクション（action and assessment），そして再び，アセスメント（assessment）というサイクルから成り立っている。アセスメント場面において，"その問題（the problem）"の経緯（a history）を得ることに焦点化しやすいということがある一方で，強さ（strength）を見出し，解決策（solution）への焦点化，過去に成功したこと，そして将来にも可能であると思われることに焦点化することが，同じように重要である。

第Ⅱ部　ソーシャルワーク・プラクティスを発展させた主な理論

資料4-1　世界人権宣言（抜粋）

第1条　すべての人間は，生まれながらにして自由であり，かつ，尊厳と権利とについて平等である。人間は，理性と良心とを授けられており，互いに同胞の精神をもって行動しなければならない。(All human beings are born free and equal in dignity and rights. They are endowed with reason and conscience and should act towards one another in a spirit of brotherhood.)

第2条　すべての人は，人種，皮膚の色，性，言語，宗教，政治上その他の意見，国民的若しくは社会的出身，財産，門地その他の地位又はこれに類するいかなる事由による差別をも受けることなく，この宣言に掲げるすべての権利と自由とを享有することができる。(Everyone is entitled to all the rights and freedom set forth in this Declaration, without distinction of any kind, such as race, color, sex, language, religion, political or other opinion, national or social origin, property, birth or other status.)

第3条　すべての人は，生命，自由及び身体の安全に対する権利を有する。(Everyone has the right to life, liberty and security of person.)

資料4-2　全米ソーシャルワーカー協会倫理綱領の「価値と倫理原則（Values and Ethical Principles）」

価値：サービス（貢献）(Value: *Service*)
倫理原則：ソーシャルワーカーの基本的目標は，ニードをかかえ，社会的問題に対処しようとしている人々を援助することである。(Ethical Principles: *Social worker's primary goal is to help people in need and to address social problems.*)

- ソーシャルワーカーは，個人的利益を超えて他の人々へのサービスを優先する。(Social workers elevate service to others above self-interest.)
- ソーシャルワーカーは，ニードをかかえている人々を援助するために，自らの知識，価値，技術を活用する。(Social workers on their knowledge, values, and skills to help people in need and to address social problems.)
- ソーシャルワーカーは，幾らかの報酬を期待することなく，ある程度の自らの専門技術を提供することが望まれる。(Social works are encouraged to volunteer some portion of their professional skills with no expectation of significant financial return (pro bono service).)

価値：*社会正義*（Value：*Social Justice*）

第4章 構造的ソーシャルワーク・プラクティス理論

倫理原則：ソーシャルワーカーは，社会不正義に立ち向かう。(Ethical Principles: *Social workers challenge social injustice.*)

- ソーシャルワーカーは，脆弱で，抑圧されている人々である，その個人，あるいはその集団のために，社会変革に努める。(Social workers pursue social change, particularly with and on behalf of vulnerable and oppressed individuals and groups of people.)
- ソーシャルワーカーの社会変革への努力は，貧困，失業，差別，そして他の社会不正義に関して，優先的に焦点化される。(Social workers' social change efforts are focused primarily on issues of poverty, unemployment, discrimination, and other forms of social injustice.)
- これらの活動は，抑圧と，文化的，民族（人種）的多様性についての感受性と知識を広めていくことである。(These activities seek to promote sensitivity to and knowledge about oppression and cultural and ethnic diversity.)
- ソーシャルワーカーは，必要な情報，サービス，そして社会資源が利用できることを確かなものにするよう努力する。(Social workers strive to ensure access to needed information, services, and resources; equality of opportunity; and meaningful participation in decision making for all people.)

価値：*人間の尊厳と価値*（Value: *Dignity and Worth of the Person*）
倫理原則：ソーシャルワーカーは，*人の生まれ持っている尊厳と価値を尊重する。*(Ethical Principles: *Social workers respect the inherent dignity and worth of the person.*)

- ソーシャルワーカーは，思いやりと尊敬する態度をもって，個人の違いと文化的，そして民族的（人種）多様性を心に留めて，一人ひとりにかかわる。(Social workers treat each person in a caring and respectful fashion, mindful of individual differences and cultural and ethnic diversity.)
- ソーシャルワーカーは，クライエントの社会的責任ある自己決定を促進する。(Social workers promote clients' socially responsible self-determination.)
- ソーシャルワーカーは，クライエント自らのニーズを求め，そして，クライエントが変化していく能力と機会が高められるように努める。(Social workers seek to enhance clients' capacity and opportunity to change and to address their own needs.)
- ソーシャルワーカーは，クライエントに対することと，広く社会に対する二重の責任を認識している。(Social workers are cognizant of their dual responsibi-

lity to clients and to the broader society.）
- ソーシャルワーカーは，ソーシャルワーク専門職の価値，倫理原則，倫理基準を遵守した社会的責任ある態度をもって，クライエントの利益と広く社会の利益の間の対立を解消していくことを追求する。（They seek to resolve conflicts between clients' interests and the broader society's interests in a socially responsible manner consistent with values, ethical principles, and ethical standards of the profession.）

価値：*人間関係の重視*（Value: *Importance of Human Relationships*）
倫理原則：*ソーシャルワーカーは，人間関係の中核的な重要さを認識している。*（Ethical Principles: *Social workers recognize the central importance of human relationships.*）
- 人々の二者関係と，それ以上の間の人間関係は，変革のための重要な車であることを認識している。（Social workers understand that relationships between and among people are an important vehicle for change.）
- ソーシャルワーカーは，援助過程において，パートナーとして人々にかかわる。（Social workers engage people as partners in the helping process.）
- ソーシャルワーカーは，個人，家族，社会集団，組織，地域のウエル・ビーイングを見出し，とりもどし，維持し，そして高めるように，目的をもった努力のもとに，人びとの間の関係を強化していくことに努める。（Social workers seek to strengthen relationships among people in a purposeful effort to promote, restore, maintain, and enhance the well-being of individuals, families, social groups, organizations, and communities.）

価値：*誠実*（Value: *Integrity*）
倫理原則：*ソーシャルワーカーは，信頼される態度をもって行動する。*（Ethical Principles: *Social workers behave in a trustworthy manner.*）
- ソーシャルワーカーは，専門職の使命，価値，倫理，原則，そして倫理基準を常に思い，人々に変わらぬ態度でプラクティスを行う。（Social workers are continually aware of the profession's mission, values, ethical principles, and ethical standards and practice in a manner consistent with them.）
- ソーシャルワーカーは，任用されている組織の一員として，誠実に責任をもって倫理的なプラクティスを行う。（Social workers act honestly and responsibly and promote ethical practices on the part of the organizations with which they are affiliated.）

第 4 章 構造的ソーシャルワーク・プラクティス理論

価値：コンピテンス（専門的力量）（Value : *Competence*）
倫理原則：ソーシャルワーカーは，ソーシャルワーク領域におけるプラクティスを行い，専門職としての専門性を発展させ強化していく。（Ethical Principles : *Social workers practice within their areas of competence and develop and enhance their professional expertise.*）

- ソーシャルワーカーは，専門知識と専門技術をプラクティスに応用し，その専門知識と技術を高めるよう，常に努力する。（Social workers continually strive to increase their professional knowledge and skills and to apply them in practice.）
- ソーシャルワーカーは，専門性の知識基盤に貢献していく志をもたなければならない。（Social workers should aspire to contribute to the knowledge base of the profession.）

出所：全米ソーシャルワーカー協会 HP。

第5章 急進的・批判的・省察的ソーシャルワーク・プラクティス理論

　ハウは，1992年に『ソーシャルワーク理論への入門（*An Introduction to Social Work Theory*）』を書いた後，内容を大幅に変えた『ソーシャルワーク理論への短い入門（*A Brief Introduction to Social Work Theory*）』を2009年に出版している。2011年に，『ソーシャルワーク理論入門』として邦訳が出版されている。以下，原書と邦訳の両方を，大部になるが引用しつつ，議論をすすめる。第3章では，「従来的」ソーシャルワーク理論に対し「急進的」ソーシャルワークの発展が2000年以降，見られるようになってきたことと，新たな理論の発展として，「"新"構造的ソーシャルワーク」が発展し，「社会構造」が強調されてきたことを述べた。第4章では，その「社会構造的」な見方と，ソーシャルワーク・プラクティスにおいて，一見それと矛盾する「個別レベル」や「個別性」の考え方といった，「二面性」の調和が議論された。「構造的」であり，「構成的」であるといった，相矛盾するようなこの「二面性」を統合することができるのであろうか。そこで，第5章では，新たな理論の展開を見ていくことになる。それをよく示しているのがハウの『ソーシャルワーク理論への入門』と『ソーシャルワーク理論への短い入門』である。以下は，『ソーシャルワーク理論への短い入門』の目次である。

　　第1章　ソーシャルワーク理論（Social Work Theory）
　　第2章　起源（Origins）
　　第3章　ケースワークと社会変革（Casework and Social Reform）
　　第4章　原因と機能（Cause and Function）

第5章　精神分析的理論（Psychoanalytic Theory）
第6章　アタッチメント理論（Attachment Theory）
第7章　行動療法（Behavioral Therapies）
第8章　認知療法（Cognitive Therapies）
第9章　認知行動的ソーシャルワーク（Cognitive-behavioral Social Work）
第10章　課題・中心ソーシャルワーク（Task-centered Social Work）
第11章　責任をもち，ポジティブに考える（Be Responsible, Think Positive）
第12章　ソリューション・フォーカスド・アプローチ（Solution-focused Approaches）
第13章　ストレングス・パースペクティブ（The Strengths Perspective）
第14章　システミック・エコロジカル・アプローチ（Systemic and Ecological Approaches）
第15章　急進的ソーシャルワーク（Radical Social Work）
第16章　批判的ソーシャルワーク（Critical Social Work）
第17章　フェミニスト・ソーシャルワーク（Feminist Social Work）
第18章　アンティ・オプレッシブ・プラクティスとエンパワメント（Anti-oppressive Practices and Empowerment）
第19章　リレーションシップ・ベースド・ソーシャルワーク（Relationship-based Social Work）
第20章　パーソン・センタード・アプローチ（Person-centered Approaches）
第21章　省察的と熟考的（Reflection and Reflexivity）
第22章　ウエルビーイング（Well-being）
第23章　ソーシャルワーカーのためのブレーン（Brains for Social Workers）
第24章　批判的ベスト・プラクティス（Critical Best Practice）
第25章　ベストな理論（The Best in Theory）

第Ⅱ部　ソーシャルワーク・プラクティスを発展させた主な理論

1　伝統的ソーシャルワーク・プラクティス理論から急進的ソーシャルワーク・プラクティス理論へ

　特に，2000年以降になると伝統的ソーシャルワーク・プラクティス理論に対する批判が行われるようになった。ハウによると，「急進的な批判の最初のターゲットの一つは，伝統的ケースワーク実践であった。心理力動的理論の下支えを受けたケースワークは，不平等や不公平を生み出している資本主義と経済構造を支えている支柱にすぎないとみられていた（One of the first stages of the radical critique was traditional casework practice. Underpinned by psychodynamic theory, casework was seen to be nothing more than a prop supporting capitalism and the economic order of an unequal and unfair society.）」（Howe 2009＝2011：160）。そして，急進的ソーシャルワーク理論の前提にある考え方は，「ソーシャルワーカーのクライエントがもつ問題は，彼ら自身が作り出したものではなかった。彼らは，巨大な不公平，勝者と敗者，お金持ちと貧乏人を必然的に作り出す経済，政治システムの犠牲者であった（The problem of the clients of social workers were not of their own making. They were the victims of an economic and political system that necessarily created massive inequalities, winners and losers, rich and poor.）」（Howe 2009＝2011：160），というものであった。

　また，急進的ソーシャルワーク理論と急進的ソーシャルワーカーを，次のように説明している。

　　「ソーシャルワーカーが採用できる唯一の倫理的立場は，より多くの不公平と苦悩を生じさせる経済的，政治的な秩序に挑戦することである。資本主義とそれが支える経済構造による社会と個人への影響を批判的にみることによって，これに確信をもつ実践者は，既存の構造に急進的な疑問をもつマルクス主義者，あるいは急進的ソーシャルワーカー（Marxist or radical social workers）として知られるようになった。」（Howe

第 5 章　急進的・批判的・省察的ソーシャルワーク・プラクティス理論

2009＝2011：160）

　急進的ソーシャルワーカーによる，伝統的ソーシャルワーク・プラクティス理論に対するその批判とともに，伝統的ソーシャルワーカーの行うプラクティスについて，「資本主義のもとでは，伝統的ソーシャルワーカーの仕事は，危険で取り乱している人々の行動をコントロールすること（to control the behavior of the dangerous and disturbed），機能不全者に対する治療（to cure the dysfunctional），そして貧しい人びと，脆弱な人々，社会的に不適応な人と，さらに行動しにくい人びとへのケアを抑制すること（to care for and contain the needy, the vulnerable, the socially inadequate, and the behaviorally incompetent.）である」（Howe　2009＝2011：160-161）。

　そして，「端的にいうと，ソーシャルワーカーは，社会的なコントロールをするエージェントであり，福祉国家とは，資本主義が経済，社会，政治を安定させるために準備している代価なのである。このような行動によって，ソーシャルワーカーは，彼らが認めるか認めないかに関係なく，経済的な不平等性と特権と権力をもつ人びとの既得権益を支えているのであり（Howe　2009＝2011：161），そして，急進的ソーシャルワーカーの行動指針（a radical agenda）として，「クライエントのために活動する急進的ソーシャルワーカーは，権力そのものに対して政治的に闘わなければならない（must struggle politically against the powers-that-be）」し，「したがって，その政治的闘いの狙いは，社会資源の公平な配分を要求すること（to push for a fairer distribution of society's resources），そして社会秩序を改革すること（to change the social order）である。真の急進主義者は，人びとのニーズを充たすために政治システムを改革すること（to change the political system to meet the needs of people）を望んでおり，政治システムに人びとを合わせることではない（not change people to fit the political system）」（Howe　2009＝2011：162）とも説明している。

第Ⅱ部 ソーシャルワーク・プラクティスを発展させた主な理論

2 ソーシャルワーク・プラクティス理論の発展

 ハウは，構造的ソーシャルワーク・プラクティス理論についても説明している（Howe 2009＝2011）。まず，「構造主義」については「構造主義は，人間には自分で考え，創造する力があるとみる人道主義に対する1つの反動である（Structuralism is a reaction against humanism that sees the individual as a self-directing, creative force.)」（Howe 2009＝2011：162）と説明し，社会構造主義については，「社会構造主義は，社会生活を説明するときに個人を超えた力をみようとする。個別的問題は，社会，経済そして政治構造や利害関係から生じることはあきらかである。そのような構造が人びとの生活や経験を形成する（Structuralism looks to forces beyond the individual to explain social life. It is clear that personal problems are caused by social, economic and political structures and interests. These structures shape people's lives and experience.)」と説明している（Howe 2009＝2011：162）。

 そこで，構造的ソーシャルワーク・プラクティス理論の目指すものは，「もし人びとが支配から自由になろうとするのであれば，改革しなければならないのは社会構造である（It is society's social structures therefore that have to change if people are to be free of domination.)」（Howe 2009＝2011：162）と説明している。そして，このアプローチを，「マライリー（引用文ママ）（Mullaly 2003）やディビス（Davis 2007）らは，このアプローチを，*構造的ソーシャルワーク*（*structural social work*）と呼んでいる」（Howe 2009＝2011：162）と述べている。

3 急進的・構造的ソーシャルワーク・プラクティス理論から批判的ソーシャルワーク・プラクティス理論へ

(1) 急進的ソーシャルワーク・プラクティス理論の問題点

 ソーシャルワーク・プラクティス理論は，急進的ソーシャルワーク・プラ

第5章 急進的・批判的・省察的ソーシャルワーク・プラクティス理論

クティスからソーシャルワーク・プラクティス理論となる必要があることを，ハウは，次のようにまとめている。

　　（ソーシャルワーク・プラクティスの目標は）「もし人びとが支配から自由になろうとするのであれば，改革しなければならないのは社会構造である。」(It is society's social structures therefore that have to change if people to be free of domination.)（Howe 2009＝2011：162）

　　（そこで）「それゆえ，急進的ソーシャルワークの答えは，集合主義的行動をすることであり，その目的は，社会を平等，正義と参加に基礎づけられる方向に動かすことである。」(The radical social work answer therefor is collective action. The aim is to work towards a society based on equality, justice and involvement.)（Howe 2009＝2011：13）

ところが，急進的ソーシャルワークについて，「この急進的な論議のいくつかは成功したが，その初期の野心は十分に実現したとは決して言えない。(However, although the radical agenda has had some success, it has never fully realized its early ambitions.)（Howe 2009＝2011：163）とその問題点を指摘している。

（2）批判的ソーシャルワーク・プラクティス理論の高まり

そこで，ソーシャルワーク・プラクティス理論の進展へとつながることについて，ハウ（Howe 2009＝2011）は「さらなる分析に基づいて，より繊細な形の難解な社会学的推論が必要であった。これは批判的社会理論として知られるようになった。そして，それはソーシャルワーク理論と実践における非常に興味深い展開を支える助けとなった。(On further analysis, a more subtle form of sociological reasoning was called for. This became known as critical social theory and it has helped sponsor some extremely interesting developments in social work theory and practice.)」と述べている。

第Ⅱ部　ソーシャルワーク・プラクティスを発展させた主な理論

(3) 批判的ソーシャルワーク・プラクティス理論の発展

ハウ（Howe 2009＝2011）は,「第16章　批判的ソーシャルワーク」の中で,批判的ソーシャルワーク・プラクティス理論について詳細に説明しており,その発展の契機を,「より実践的な応用がはやり始めたのは,社会学と政治学理論における雰囲気の変化と急進的ソーシャルワークに対して感じられていた欲求不満のたかまりであった。1990年代までに,彼ら急進的ソーシャルワーク（radical social work）に不満をもった人びと」に支持されるようになった新しい「急進的な」実践は,*批判的ソーシャルワーク（critical social work）*とよばれるようになった」（Howe 2009＝2011：165）と説明している。

ソーシャルワーク理論とプラクティスと関連させて,"批判的理論とソーシャルワーク"（"Critical theory and social work"）（Howe 2009＝2011：165-166）の中で簡潔にまとめられている。ソーシャルワーク・プラクティス理論を考えていく上で,モダンからポスト・モダンへと進展していく重要な理論となることと,社会学,政治学,哲学の新たな展開とともに,それらの分野からの影響を受け,新たな概念や造語が創られ,知識の構築・構成がなされていくことになるので,大部になるが,関連する部分を以下に引用しておこう。

> 「批判的ソーシャルワーク（Critical social work）は,批判的社会理論（critical social theory）が考え出した多くの考えによって鼓舞された（inspired）。批判的理論家（Critical theorists）は,社会的に構成された（the socially constructed）社会の性格（character of society）を検討する（examine）。」（Howe 2009＝2011：165）

「社会（social/society）」は"自然と発展していく"ものではなく,"社会は,社会的に構成される（socially constructed）"ものであると考える。従来の伝統的な考え方として,社会にとっての"真実（reality）は（あらかじめ〔prior〕）存在する"もので,"人間により発見される"ものである,という

第5章 急進的・批判的・省察的ソーシャルワーク・プラクティス理論

考え方がある。それと対照的に，社会の"真実は，社会的に構成される (reality is socially constructed)"ものであるという，そこには，考え方のコペルニクス的転換がある。人間を超えて，あらかじめ「真実」があるとするのではなく，ハーバーマスを引用して，「真実」(reality) や「知識」(knowledge) は社会の利害関係によって構造化されている (knowledge is structured by social interests.) と考える。そこで，人間による"批判的 (critical)"な分析が必要であると，ハウは述べている。

批判的ソーシャルワーク・プラクティス理論によると，伝統的ソーシャルワーク・プラクティス理論と急進的ソーシャルワーク・プラクティス理論の両者に対して，次のような"批判的分析 (critical analysis)"を行っている。

① 伝統的・ソーシャルワーク・プラクティス理論に対する"批判的分析"
「批判的ソーシャルワーカーは，認知，行動，そして精神力動心理学の伝統的な影響は，不適切と言うだけなく，問題の一部であると主張し続けた。これらの心理学は，ソーシャルワーカーがクライエントを責め，そして病的な対象としてみることを助けた。すなわち，ソーシャルワーカーが人びととの困難の本当の原因，つまり不当な社会的構造と，権力と資源の不平等な配分から目をそらせたのであった。」(Critical social workers continued to argue that the traditional influences of cognitive, behavioral and psychodynamic psychologies were not only irrelevant but also part of the problem. These psychologies helped social workers blame or pathologize clients. It meant that social workers took their eyes off the real cause of people's difficulties, namely unjust social structures and unequal distributions of power and resources.) (Howe 2009＝2011：166)。

② 急進的・ソーシャルワーク・プラクティス理論に対する"批判的分析"
「しかしながら，多くの人びとは，粗雑な階級と経済的観点による権力と支配に関するマルクス主義者の分析は，単純すぎると感じた。それ

は社会のなかで他の多くの集団が被っている抑圧と支配を説明しているようには思えなかった。つまり,マルクス主義者の分析は,女性は男性に,子どもは大人に,少数派民族集団は多数派民族集団に,同性愛男性と同性愛女性は異性愛男性と女性に抑圧されているということまでは説明していない。」(However, many felt that a Marxist analysis of power and domination in crude class and economic terms was too simplistic. It didn't seem to explain the oppression and domination suffered by many other groups in society. Women were being oppressed by men, children by adults, minority ethnic groups by majority ethnic groups, gay men and lesbian women by heterosexual men and women.)(Howe 2009=2011：166)

「マルクス主義では,階級という言葉が使われ,労働場面にはあてはまった。しかし,権力と支配の問題は,ありふれた毎日の生活にも,染み込んでいるように思われた。これには,日常生活と日常的な人間関係に関する政策の新しい分析,すなわち,社会の批判的分析が必要となったのであった。」(Marxism applied to the workplace. It spoke of class. But issues of power and domination seemed to saturate ordinary everyday life as well. This called for a new analysis, one that was critical of society, of the politics of everyday life and routine relationships.)(Howe 2009=2011：166)。

(4) ポスト・モダンへの転換——ミシェル・フーコーの思想から

批判的ソーシャルワーク・プラクティス理論の発展を考えるとき,ミシェル・フーコー(Michel Foucault)の著作と,その思想の影響による,「モダン」(modern)から「ポストモダンへの転換」(The postmodern turn)(Howe 2009=2011：167-168)について,ハウは,以下のように述べている。

「フランスの社会学者,ミシェル・フーコーの一連の独創的な著作が現れて,伝統的なマルクス主義者の理論の方向は逆転した。フーコーは,

権力を，生産手段を所有し，国家機構を統制する豊かな資本家によってその他の残った人に行使されるものとしてみるのではなく，むしろ，男性と女性，黒人と白人，障害者と障害をもたない人の日常の人間関係のなかでどのように行使されるのかを探求した。」(Howe 2009＝2011：167)

　第3章での「従来的」モデルから「革新的」モデルについての議論，第4章の社会構造といった「構造的」な見方と，「個別的」「個人的」といった「構成的」な見方の調和に関する議論を見てきた。一見すると，合い矛盾するこの「二面性」に関して，時代的な「モダン」と「ポストモダン」の「二面性」としてとらえることもできる。「モダン」は，まさに「システム」や「構造」，あるいは「マルクス思想」「……思想」といった"大きな理論（思想）"の発展した時代であり，「ポストモダン」は，その"大きな理論（グランウンド・セオリー）"や"ユートピア思想"に対する"失望"や"反省"から，「個別的」「個人的」といった人間の"関係性"，あるいは，"局所的"なものへの回帰とともに，"中くらいの理論"や，もっと"小さい理論"の発展する時代的な変遷としてとらえなおすこともできる。まさに，"パラダイム・シフト"が起きてきた時代でもある。

　その時代的変遷において，フーコーとその思想を「モダン」と「ポストモダン」を橋渡しするものとして位置づけ，ソーシャルワーク理論の変遷として，以下議論していくことにする。フーコーの思想や考え方は，国家，資本主義，あるいは，政治的，経済的，社会的といったその「構造的」な"大きな理論"から離れ，その理論は，"流動的""相対的""さまざまな解釈の可能性"をもった"中・小理論"であり，それは，"大きな物語（ドミナント・ストーリー）"から"個人的な物語（かたり）"へ，あるいは優勢な集団から個々人の"言説"への見直しでもある。以下，ソーシャルワーク・プラクティス理論と関連づけて，たとえば"支配的な言説"と"批判分析"といったことについて議論を深めていくことにする。以下は，フーコーの思想を，

第Ⅱ部　ソーシャルワーク・プラクティスを発展させた主な理論

ハウ（Howe 2009＝2011：167-168）を参考に，網羅的にまとめて示したものである。

1.「マルクスやウェーバー，そして他の古典的な理論家が試みようとした，社会生活すべての側面を説明し包囲するような，社会理論の企てはあきらめなければならない。」（Social theory must abandon its attempts to try and explain and encompass all aspects of social life as Karl Marx and Max Weber and other classical social theorists had tried to do.）
2.「社会思想家ができることのすべては，局部的で，一時的なレベルでの人間関係，価値，権力と政治を検定し理解することである。さらに，権力は，変化し，進化し，じっとしてはいないものである。」（All that social thinkers can do is to try and understand relationships, values, power and politics at a local, provisional level. Moreover, power shifts and evolves. It doesn't stand still.）
3.「フーコーの世界では，意味を理解するための深く，統一的なパターンはない。『モダニティ』が好むようなグランドセオリーはない。ユートピアはないし，社会的進化もない。さらに最善の世界に向かう黄金の道もない。」（In Foucault's world, there are no deep, unifying patterns of meaning. There are no grand theories so beloved by Modernity. There is no utopia, no social progress or golden road to the best of all possible worlds.）
4.「すなわち，そこには，啓発運動から生まれた古典的社会学とは異なり，階級，権力，ジェンダー，変化と対立を説明する包括的な考えもない。」（Unlike classical sociology, born of the Enlightenment, there is no all-encompassing explanation of class, power, gender, change and conflict.）
5.『モダニティ』の，たとえば，絶対的真実やグランドセオリーを求めるような大きな観点は，ポストモダンの理論的潮流により，相対的真実，局所的な説明，そして多面的視点に取って代わられた。」

第 5 章 急進的・批判的・省察的ソーシャルワーク・プラクティス理論

(Modernity's grand views are replaced by relative truths, more local explanations and multiple perspectives.)

6.「ポストモダンの世界は，より流動的で，さまざまな解釈が可能で，多様性に対してより寛容であり，より自己流であり，そして不確実である。」(The postmodern world is more fluid, more open to interpretation, more tolerant of diversity, more self-made, and less certain.)

7.「フーコーの社会理論は，優勢な集団と彼らの『言説』がどのように社会関係を規定するのかを探求し，理解しようと努めている。」(Foucault's social theorizing seeks to explore and understand how dominant groups and their 'discourses' define social relationships.)

8.『発掘』されない限り，彼ら（優勢な集団）の権力と社会的な利益は隠されたままである。」(Unless 'excavated', their power and social interests remain hidden.)

9.「優勢な集団に役立っている権力，価値，そして利益の正体を暴くことは，社会理論家の仕事である。」(It is the job of the social theorist to expose these powers, values and interests that serve dominant groups so well.)

10.「我々が当然のことと思っている日々の生活には多くの側面がある。我々はそれらに決して疑問をもたない。それらは普通のことである。しかし，フーコーはそれらに疑問をもった。たとえば，フーコーは，社会学，心理学，医学の多くが，誰がまともで誰がまともでないか，誰がよくて誰が悪いか，誰が性的に普通で誰が性的に逸脱しているか，誰が社会の資産家で誰が社会の負債者かについて権威的に主張していると認識していた。」(There are so many aspects of day-to-day life that we simply take for granted. We never question them. They seem normal. But Foucault did question them. For example, he recognized that many of the social, psychological and medical sciences claimed to speak with authority about who was sane and who was mad, who was good and who was bad, who was sexually normal and who was sexually deviant, who was a social asset and who was a social liability.)

11.「フーコーは，社会科学，医学，法学によって心に抱かれ，生み出され，そして推進された知識の社会的影響に関心をもった。このような知識は権力を与える。このような学問が『私たちは誰なのか，何が許容されるのか，何が言うことができるのか，誰によって，いつ，そしてどのような形態によってかということについての支配的な考えを形作っている』のである。」(Foucault was interested in the social effects of the knowledge held, generated and promoted by the social, medical and legal sciences. Their knowledge confers social power. These disciplines 'shape the dominant ideas about who we are, what is permissible, what can be said, by whom, when, and in what form'.)

(5)「支配的な言説」に対する"批判的分析"

　社会科学，医学，法学，あるいはソーシャルワーク・プラクティス（理論）においても，体系化され蓄積されてきた"知（識）"が，人間を超えて普遍的なものとして，人間の発生以前から存在する「真理」の探求"によって"発見"されてきたという，特に"科学"への信奉に対し，その"知（識）"(knowledge) は，"支配的な人々／グループ／専門家"(dominant people/group/professionals)，あるいは"一般の人々"(people) や"マスコミ"等による，"パワー"(power)／"権力"と関連があることを，フーコーの著作は人々に訴えた。「知（識）」，特に"専門（家）知識"や「"専門（家）"学問／理論」における"支配的な考え（知〔識〕や話）〔dominant knowledge/story〕"，つまり，「支配的な"言説"(dominant "discourse")」として，「何が許容され，何が言えるか，誰によって，いつ，そしてどのように，言われ，形作られてきたか」(言説) を，"批判的に分析"する必要性を提起している。その「支配的な"言説"」に対する"批判的分析"の前提を，ハウは次のよ

うに述べている (Howe 2009＝2011：168-171)。

1. 「我々が我々自身の世界を創造しているというこの考えは，人と社会を理解するためのポストモダンアプローチの一部である。この観点に立つと，我々の本質を示してくれたり，我々が誰であるかを教えてくれたり，我々の特質と性質を決める権利をもっている客観的な基準や科学的法則，政治的事実は存在しない。」(The ideas that we create our own worlds is part of a *postmodern* approach to understanding people and society. In this view, there are no objective standards, scientific laws, or political facts that can define our *essence*, that can tell us who we are, that have the right to determine our nature and make-up.)

2. 「あまりにしばしば，優勢な集団，たとえば立法者，医療の専門家，心理学の専門家，あるいはソーシャルワーカーは，一部の人が不利益を被る理由や，貧困者と抑圧や差別を受けている人びとがしている行動について，優勢的な集団が考えている『心理』とその説明を押しつけている。しかし，これらの政治的，専門的な『真理』は，社会のなかで，法律的，医学的，心理学的，行動科学的，社会的そして専門的に発言する力をもっている人びとによってつくり出されている。」(Too often dominant groups – be they the law makers, medical specialists, psychological experts, or social workers – impose their explanations and their 'truth' on why disadvantaged and poor people, and those who suffer oppression and discrimination do the things they do. But these political and professional 'truth' are socially created by those in society with the power to say how things are, legally, medically, psychologically, behaviorally, socially and professionally.)

3. 「ポストモダン主義者は全体的な真理はなにもないと考えている。真理は，権力者，社会政策そして国家法によってつくり出されているのである。そして，それらは男性と女性，白人と黒人，専門職とクラ

イエント，立法者と市民の間の日常的な関係の風潮と質に影響を与えている。」(Postmodern see no absolute truths. Truths are created by powerful people, social policy and state laws. They influence the tone and quality of everyday relationships between men and women, white people and black people, professionals and clients, legislators and the citizenry.)

4.「多くの『言説』，すなわち，多くの真理があるのである。したがって，ある1つの集団に対して，性的に普通のこと，好ましい人権，身体的適正に関する特定の考えを押しつけることは間違っている。それらに関する仮説には疑問が投げかけられなければならない。性，人種そして文化の多様性は受け入れられるべきであるし，また賛美されるべきである。」(There are many 'discourses', many truths. For one group to impose its ideas of what is sexually normal or racially preferable or physically passable is wrong. Their assumptions must be challenged. Diversity of sexuality, race and culture should not only be accepted but also celebrated.)

次に，専門家による「言説」についても述べている。その部分を列挙してみよう。

1.「いったん支配的な言説（たとえば，医療，ソーシャルワーク，福祉法，政治，あるいはメディアによる言説）によって定義されると，人びとは簡単に孤立化させられ，治療され，コントロールされる。このような形で，国家と支配的な言説は，逸脱者を『常態化』する。そして，医師は異常を『治療』する。ソーシャルワーカーは機能不全の家族を『管理』する。保護観察官は犯罪者を監視し，コントロールする。」(Once defined by dominant discourses〔say, those of medicine, social work, welfare legislation, politicians, or the media〕, people are easier to isolate, treat and control. In their efforts, the state and dominant discourses then aim to 'normalize' deviant subjects. Doctors 'treat' the insane. Social Workers 'police' dysfunctional families. Probation officers monitor and control offenders)

2.「ソーシャルワーカーが支配的な言説によってものを教えたり，実践したりする範囲で，彼らがもっている知識や力は，障害をもつ人，精神病をもつ人，そして中流階級の細やかな神経を混乱させている家族に対する支配に貢献している。」(To the extent that social workers think and practice within the language of dominant discourses, their knowledge and power contributes to the domination experienced by disabled people, those who have a mental illness, and families who upset the sensibilities of the middle classes.)

3.「フーコーは，特定の集団がどのように，自分たちにかかわる周囲の社会について考えたり，語ったり，定義したりしていくのかに関心をもった。彼らはまた，集団と利益をともにするようになったすべての人びとが，集団の『言説』，すなわち，ものの見方にとらわれるのになることも意味していた。専門的能力や力をもたない人びとは，優勢な集団の言葉や利益の観点から，自分自身を定義し，説明し，そして取り扱うようになった。」(Foucault was interested in how particular groups developed way of thinking about, talking about and defining their bit of the world. This also meant that al those who fell into that group's area of interest became caught up in the group's 'discourse', their way of seeing things. Those without expertise and power found themselves being defined, explained and dealt with in terms of the dominant groups' language and interests.)

4.「フーコーは，病気を診断する医師，精神病について権威的に話す精神科医，犯罪とその治療について説明する社会学者と心理学者の権力を検討した。彼らがたまたま医師あるいは教育者であろうと，ソーシャルワーカーあるいは犯罪学者であろうと，専門家は，彼らのみが話したり，断言したりあるいは決定したりすることができる『真理』

に対する所有権を主張する。イリッチ（Illich）は，よく知られているように，医師，教師そしてソーシャルワーカーは，実は『無能力化する専門家』であると述べている。このような『専門家』の解決策は，サービス利用者の抑圧された状況を継続させる。」(Foucault looked at the power of doctors to define illness, psychiatrists to speak with authority about mental illness, and sociologists and psychologists to explain criminality and how it should be treated. Specialists, whether they happen to be doctors or educationalists, social workers or criminologists lay claim to the 'truth' about which only they could speak, pronounce and adjudicate. As Illich famously describes then, doctors, teachers and social workers are really the 'dis-abling professions'. Their 'expert' solutions perpetuate the oppressed conditions of service users.)

5.「専門家が話しかける人びとは，支配的な集団の言説に挑戦する力を持ち合わせていない。彼らは，専門家の，あるいは支配的な習慣の定義，説明，そして治療法に抑圧されている。…（中略）…『言説』をコントロールする人びとは，権力をもつ。そして，言説は彼らの利益を生み出すのであり，その言葉に巻き込まれる人びとの利益にはつながらない。」(Those about whom the exerts speak lack the power to challenge the terms of the dominant group's discourse. They are oppressed by the expert's or dominant group's definitions, explanations and treatments. ... Those who control the 'discourse' have the power. The discourse serves their interests and not those who are caught up in its language.)

6.「言葉，とりわけ専門家の言葉は，決して中立的ではない。それは意味を伝える。それはサービス利用者の経験を定義する。言葉は，自分のとらえ方と理解の仕方を構築する。それゆえ，言葉は単なる用語ではない。その権力にかかわっている。」(Language, particularly the language of professionals, is never neutral. It conveys meaning. It defines the service user's experience. It constructs the sense of self and how it is to be understood. 'Language is therefore about much more than words – it is about *power*'（Fook 2007：66 emphasis original）.（Fook 2007：363-375.）

4. 「リレーションシップ・ベース・ソーシャルワーク・プラクティス理論」と「パーソン・センタード・ソーシャルワーク・プラクティス理論」の重視

以上，ハウ（Howe 2009＝2011）は，社会やその構造に向けられたソーシャルワーク・プラクティス理論の進展を振り返り，その理論的発展の重要性を指摘してきた。その後の理論として登場してくる批判的ソーシャルワーク・プラクティス理論の中で指摘されたように，「グランド・セオリー（大きな理論）」に対する疑問と，その批判が起き，その視点は，"大きな理論"の構築や"大きな物語"の創設から，個人（individual/person）のレベルへ，そして，（個）人と（個）人の関係性の重要性が新たに見直されるようになった。プラクティスを原則とするソーシャルワークの世界では，ソーシャルワークの専門性（職）の発祥以来，「（個）人」と「（個）人」の"（人間／対人）関係性（inter-personal relationship）"の重視はなされてきた。リッチモンドの『ソーシャル・ケース・ワークとは何か？（*What Is Social Case work?*）』の中のソーシャル・ケースワークの定義に，この「個人と個人による」（individual by individual）という言葉がすでに見られる。また，バイステックは1957年に出版した『ケースワーク・リレーションシップ（*Casework Relationship*）』の中で，ソーシャル・ケースワークにおける"クライエント・ワーカー（専門）関係の原則"を述べている。ここでハウは，「関係基盤のソーシャルワーク」と「パーソン・センタード・アプローチ」を，ポストモダンの新たな視点から取り上げ，その再重視の必要性を指摘している。

ハウは，「パーソンセンタード・アプローチ」の中で，カール・ロジャース（Carl Rogers）に注目し，再評価をしている（Howe 2009＝2011）。そのこと

を「第三の道」(The third way)と「中核的条件」(The core condition)として述べている。ソーシャルワーク・プラクティス理論の発展の中で,ケースワークにおける診断主義と機能主義の二大潮流が起きたことはよく知られている。前者は,精神分析の影響を強く受けた。その後,行動主義からの影響も見られた。そのような理論的進展においても,カール・ロジャースのモデルはユニークであり,ハウはそれを「第三の道」と名づけ,ここで以下のように再評価している。

> 「すでにみてきたように,1940年代の2つの有力な心理療法は精神分析と行動療法であった。精神分析学者は,解釈の重要性を主張した。行動主義者は,人びとが行動を変化させるための広範な技法を発展させた。ロジャースはその時代の既存モデルとは大きく異なった第三の道を提供した。」(Howe 2009＝2011:208)。

　従来の理論と技術は,クライエントを変化させるために,カウンセラーやソーシャルワーカーが,クライエントに何をするかが問題とされた。ところが,カール・ロジャースのユニークさは,人びとは意味と充足を探求するなかで目的をもち,建設的で,自分から努力するようになると考え,この立場は,クライエントに何かをしてあげることよりも,むしろクライエントは自分自身の努力と信念で変化を引き起こす力をもっていることを信じることを大前提とした点である。そこで,クライエントは自らが変化する力をもっているのであるから,カウンセラーやソーシャルワーカーがクライエントを変化させることに努力を払うのではなく,最も重要なことは,カウンセラーやソーシャルワーカーが変化することであり,そのことによって,クライエントは自らが変化していくと考えたのである。

　つまり,相手(クライエント)を変えたいならば,"相手(クライエント)を変えようとする"のではなく,"まず,自分(カウンセラーやソーシャルワー

カー)が変われば,相手(クライエント)は自ら変わる"という,天動説から地動説へのコペルニクス的転回がここにある。つまり,相手(クライエント)に,自分(ソーシャルワーカー)を受容させるには,相手(クライエント)が,自分(ソーシャルワーカー)を受容するよう,相手(クライエント)にはたらきかけ,変化させようとするのではなく,まず,自分(ソーシャルワーカー)が相手(クライエント)を受容し,自分(ソーシャルワーカー)が変化することである。

では,カウンセラーやソーシャルワーカーが変化するとは何か。それは,カウンセラーやソーシャルワーカーが,「中核的条件」(The core conditions)を備えた態度へと変化することであると,ハウは以下のように説明している。

「ロジャースにとって,次の3つの特質,すなわち温かさ,共感,真実性が援助関係の「中核的条件」となった。」(For Rogers, these three qualities – warmth, empathy and genuineness – became the 'core conditions' of the helpful relationship.)(Howe 2009＝2011：209)

「もし我々が正しい環境,すなわち治療的関係を提供すれば,人びとはゆがむことなく成長する。アセスメントをする必要はない。診断もいらない。出来上がっているパーソナリティについて話す必要もない。」(If we provide the right environment – the therapeutic relationship – people will grow without distortion. There is no need for an assessment. There is no diagnosis. There is no talk of fixed personalities.)」(Howe 2009＝2011：209)

先に,カール・ロジャースのモデルには,"相手(クライエント)を変えたいならば,相手を変えようとする"のではなく,"まず,自分(カウンセラー),あるいは,ソーシャルワーカーが変われば,相手(クライエント)がかわる"という考え方のパラダイム・シフトが起きたことを指摘した。その

第Ⅱ部　ソーシャルワーク・プラクティスを発展させた主な理論

"自分（カウンセラー），あるいは，ソーシャルワーカーが変わる"という時，その"変わること"を「中核的条件」といい，具体的には，カウンセラーやソーシャルワーカーの側がクライエントに示す「共感」や「他者に対する尊敬」「他者への肯定的な関心」「真実性」「自己一致」といったことを意味し，その具体的態度が，その「中核的条件」として説明してあるのである。ここで，「カウンセラーやソーシャルワーカーが変化する」ための「中核的条件」を，ハウは以下のようにまとめている（Howe 2009＝2011：209-210）。

1. 「共感──クライエントの立場から世界はどう見え，どう感じられるかを考え，理解する。そして，その理解を正確に伝える。」(Empathy – to see and understand how the world looks and feels for the client's of view, and accurately convey that understanding.)
2. 「他者に対する尊敬と肯定的な関心──クライエントは，彼あるいは彼女自身の人生をコントロールし，変化させる力をもっているという信念を伝える。我々は愛と他者への肯定的な関心を高く評価し，肯定的に対応するのである。」(Respect and positive regard for the other – communicating a belief that the client has the ability to take control of and change his or her own life. We value and respond positively to the love and positive regard of others.)
3. 「真実性と自己一致──ソーシャルワーカーは，ソーシャルワーカーごっごや援助者ごっこをしない。何をするにしても，彼らは誠実に，本心で，正直にする。もし相手（ソーシャルワーカー）が行動し，その役割を果たせば，ほとんどのクライエントは話すことができるようになる。」(Genuineness and congruence – the social worker does not play at being a social worker or a helpful person ; whatever they do is sincere, authentic and true. Most clients can tell if someone is putting on an act and playing the part.)

4.「具体的──クライエントが自分の状況を話すのを聴いて，感じたことを伝え，背景を考え，ゆがみを確認し，クライエントがより現実的になるよう援助するソーシャルワーカーの能力。」(Concreteness - the ability of social worker to tell it like it is, to see the bigger picture, to identify any distortions in the way the client is describing their situation, to help the client to be more realistic.)
5.「温かさ──通常，タッチ，親切なしぐさ，やさしい声の調子を含むボディランゲージによって伝えられる。」(Warmth - usually communicated through body language including a smile, a touch, a kindly look, a friendly tone of voice.)
6.「即時性──何かが関係性のなかで発生したときに，「今-ここで」それらを認め，処理する能力。ソーシャルワーカーは，クライエントの怒りや恐怖感，悲しみや無関心を無視したり，避けたりしてはならない。関係とそのなかで起こってくることを思い出しなさい。それが関心のある問題である。それは我々が変化する媒体である。」(Immediacy - the ability to acknowledge and deal with 'here-and-now' factors as they occur in the relationship. The social worker mustn't ignore or avoid the client's anger or fear, sadness or indifference. Remember the relationship and what goes on in it is the subject of interest; it is the medium in which we change.)

ロジャースは，1961年に出版した『ロジャースが語る自己実現の道（*On Becoming a Person : A Therapist's View of Psychotherapy*)』の中で，「心理療法の過程の七段階」（資料5-1，178-185頁）を示している。援助者が変わることによって，その援助者の変化が，クライエントがどのように反応し，どのように変化をしていくかを段階的に示している。ロジャースは，その「要約」で，次のようにまとめている（Rogers 1961＝2005：146-148）。

「クライアントが自分のあるがままを受け容れられ，喜んで迎えられ，理解されていると体験するときに生じる変化の過程の流れを，素朴な，未完成な形で描いてみた。」(I have tried to sketch, in a crude and preliminary manner, the flow of a process of change which occurs when a client experiences himself as being received, welcomed, understood as he is.)

1. この過程においては感情の解放が生じる。(This process involves a loosening of feelings.)
2. この過程において体験過程の様式に変化が生じる。(The process involves a change in the manner of experiencing.)
3. この過程において不一致から一致への変化が生じる。(The process involves a shift from incongruence to congruence.)
4. この過程においては，…（中略）…，自分自身を伝えることができ，またそうしようとするその仕方と程度に変化が生じる。(The process involves a change in the manner in which, and the extent to which the individual is able to and willing to communicate himself....)
5. この過程においては，体験の認知的な地図がゆるやかになっていく。(The process involves a loosening of the cognitive maps of experience.)
6. 自分の問題に対する関係の仕方も変化する。(There is a change in the individual's relationship to his problems.)
7. 他者との関係の持ち方にも変化が生じる。(There is change in the individual's manner of relating.)

ここでは，先にカウンセラーやソーシャルワーカー等の援助者が「中核的条件」の具体的態度を示すことで，先に援助者側が"変わる"ことができれば，クライエントの側がどのように"変わっていくか"，その具体的な変化の過程を段階的に示している。それがさらに詰められた形で，以下の7段階として，緻密なクライエントの"こころのうごき（変化）"が示されている。

その段階を確認することで，カウンセラーやソーシャルワーカーは，クライエントの"変化"が，どの段階にあるかを推測することができる。

5 批判的ソーシャルワーク・プラクティス理論から反射性／熟考的／省察的ソーシャルワーク・プラクティス理論へ

(1)「熟考的／省察的」と「反射性」の重要性

前述した「急進的ソーシャルワーク・プラクティス理論に対する"批判的分析"」には，フーコーの著作によって示された「支配的な言説」(Dominant discourses) を理解する"批判的分析"が必要であり，それが「批判的ソーシャルワーク・プラクティス理論」の発展の前提にあることは，前述した通りである。

ところが，「批判的分析をされる対象」と「批判的分析を行う主体」は，一方的あるいは線形的（linear）に，「される側」と「する側」が，それぞれ独立したものではないことが理解されるようになってきた。現実は，「見る側」は「見ること」によって自らが変化し，「見られる側」は見られることによって変化する。そして，その両者の変化が，また，お互いの変化を呼び起こすといったように，その過程は，一方的なだけではなく，非線形（non-linear）であり，"反射的 (reflective)"であり，"相互・交互的 (interactive/transactional)"な過程としてとらえることの重要性が指摘されるようになった。

ここで，日本語訳について触れておこう。ハウ（Howe 2009＝2011）の日本語訳では，リフレクション（Reflection）は「熟考」，リフレクシビティ（Reflexivity）は「反射性」と訳されている。従来，「リフレクション」について注目されるようになった本の一つに，ショーンの『省察的実践とは何か——プロフェッショナルの行為と思考（*The Reflective Practitioner : How Professionals Think in Action*）』がある。そこでは，「リフレクティブ」（Reflective）は「省察的」と訳されている。ショーンは，「専門的知識」（Professional

Knowledge) と「行為の中の省察」(Reflection-in-Action) を明確化し, プロフェッショナルとして, 従来の科学を重視した「技術的合理性」(Technical Rationality) とともに, 特に, プロフェショナルの「実践」(Practice) における「行為の中の省察」(Reflection -in-Action) の重要性を指摘し, 各種の「省察的実践」(Reflective Practice) を説明している。その中で,「行為の中の省察というプロセス全体が, 実践者が状況のもつ不確実性や不安定さ, 独自性, 状況における価値観の葛藤に対応する際に用いる〈わざ〉の中心部分を占めている。」(It is this entire process of reflection-in-action which is central to the "art" by which practitioners sometimes deal well with situations of uncertainty, instability, uniqueness, and value conflict.) (Schön 1983＝2007：51) と述べられている。

また, ハウは,「反射性は興味深い認識である。なお, 我々が他者に注意を払い, かかわるにつれ, 我々はその人たちに影響を与える。そして, その人たちは我々によって心を動かされる。そして今度は逆に我々に影響を与える。」(Reflexivity is the interesting realization that as we observe and engage with other people, we affect them, and as they are affected by us, in turn they affect us.) (Howe 2009＝2011：216) と述べ, さらに,「『反射的な実践者』は程度の高い自己覚知, 自分の役割の自覚, そして自らの行っている実践の基礎をなす前提についての自覚を示している』とシェパード (Sheppard 2007：129) は説明している。」('The reflexive practitioner,' explains Sheppard〔2007：129〕, 'shows a high degree of self-awareness, role awareness and awareness of assumptions underlying their practice.) とも書いている。

なお, 反射性に関しては,「反射性には自分自身の行動と他者の行動の原因と結果について熟考する能力が必要になる。実践者は自らの行動を見直し修正するが, その際, 自分自身の援助と態度についての新たな情報に照らし合わせて熟考する。」(Reflexivity involves the ability to reflect on the causes and consequences of one's own and other people's actions. The practitioner revises and

第5章　急進的・批判的・省察的ソーシャルワーク・プラクティス理論

modifies her actions in the light of new information and by reflecting on her own practice and behavior.) と詳述している (Howe 2009=2011：216-217)。

(2)「熟考的／省察的な実践」と「批判的な熟考」

ハウは, "リフレクティブ" と "クリティカル" の関係と, その融合について「『熟考的な実践と批判的な成熟』はソーシャルワークへの十分に明確化されたアプローチの基礎となる。熟考的な実践と批判的な熟考についてフックの著書 (Fook 2002, 2007) では, ポストモダニズム, ポスト構造主義, 批判的ソーシャルワーク, 熟考的な実践, 反射性の要素を融合させている。」(…'reflective practice and critical reflection' form the basis of a well-articulated approach to social work. In her version of reflective practice and critical reflection, Fook (2002, 2007) blends elements of postmodernism, poststructuralism, critical social work, reflective practice and reflexivity.) (Howe 2009=2011：217) と述べている。

続いて, この融合されたアプローチを以下のように簡潔に説明している (Howe 2009=2011：217)。

「このアプローチは, ソーシャルワーカーがパワーについて批判的に熟考すること——誰がパワーをもっていて, 誰がもっていないか——を促している。ワーカーはまた, 言葉——特に専門家が使う言葉——がいかにサービス利用者と彼らの生き方を方向づけ, 限定しているかに気づく必要がある。この点を考えてみると, 我々はなじみのある領域に立ち返っている。すなわち, これらの点は, 批判的理論と批判的ソーシャルワークの考え方なのである。」(The approach encourages social workers to reflect critically on power – who has it, and who doesn't. The worker also needs to be aware of how language – particularly the language used by professionals – shapes and defines service users and the way they experience themselves. At this point, we're back in familiar territory having already met many of these ideas in critical theory and the critical social work it has inspired.)

　フックは，この融合されたアプローチを，「批判的な熟考／省察の過程 (Critical Refection Process)」(Fook 2007：368) と呼び，ハウは「批判的な熟考（省察の過程）には，2つの段階，すなわち分析と変化の段階がある」と説明している (Howe 2009＝2011：217)。2つの段階を，ハウの説明を引用して概略的に示してみよう。ここで述べられている「分析の段階：『解体』」と「変化の段階：『再構築』」について理解するためには，フーコーの言う"パワー"についての理解が必要になる。ある権威をもった（パワーをもった）"専門家"の話す"言葉（言説）"は，あたかも，それが"事実"であり，"真実"であり，"正しい"ものであると，"無意識"に"信じている"ものである。たとえば，医師の"病気の診断名"や，ソーシャルワーカー等が使用する専門用語，あるいは，法律用語等は，"事実"であり，"真実"であり，"正しい"ものであると，"無意識に""理解している"ことを言う。しかしもう一度，それらが本当に"事実"なのか，"真実"なのか，"正しい"ことなのか，最初の段階として，"批判的"に「分析の段階：解体」してみることである。他の言葉では，「ドミナント・ストーリー」をそのままに"信じる"のではなく，それを批判し，反省し，そのドミナント・ストーリーを"解体"し，「その他の（オルタナティブ）・ストーリー」があるかを考える段階である。そして，次の段階として，"自らのストーリー"をあらたに「(再) 構成（構築）しなおす過程」としての「変化の段階――『再構築』」がある。そのことが以下のように簡潔にまとめられている (Howe 2009＝2011：217)。

　　1．分析の段階 (The stage of analysis) ――「*解体 (de-construction)*」
　　　批判的な熟考における分析の段階は，「*解体*」の段階である。ここでワーカーと利用者は他の人びととがパワーを利用していることや，

第5章 急進的・批判的・省察的ソーシャルワーク・プラクティス理論

あるいは誤用していることに気付くようになる。そして,彼らは利用者自身の考え,思い,言葉,可能性についても気づくようになる (The stage of analysis is one of deconstruction, of critical reflection. Here, the worker and user become aware of other people's use and mis-use of power. They also become aware of the user's own ideas, thoughts, words and possibilities.)。

2. 変化の段階(The stage of change)――「*再構築(re-construction)*」

変化の段階は,いわば「*再構築*」の段階である。サービスの利用者が自らを再評価し始める。彼らはパワーを取り戻し,身震いしながら少なからぬ不安を抱えて,自分自身の人生の意味内容を再びコントロールする可能性を想像する (The change stage is one of *re-construction*. It is at this point in the relationship that service users begin to re-value themselves. They begin to develop new ways of seeing their self and their situation. They see the possibility of claiming back power, and with that comes the thrill, and not a little anxiety, of recovering control over the content and meaning of their own life.)。

(3) 曲がった小道の実践

以上をまとめると,ハウは,ソーシャルワーク・プラクティス理論の進展を精査することで,急進的ソーシャルワーク,ポストモダニズム,ポスト構造主義,批判的ソーシャルワーク,熟考的/省察的ソーシャルワーク,反射性等を説明し,最後に,「急進的ソーシャルワーク・プラクティス理論」「批判的ソーシャルワーク・プラクティス理論」「熟考的/省察的ソーシャルワーク・プラクティス理論」を融合させ,「批判的な熟考/省察の過程」を提唱している。そして,「最善の実践」(Best Practice)の具体例として,「曲がった小道の実践」(The crooked path of practice)について以下のように述べている (Howe 2009=2011:240-243)。

第Ⅱ部　ソーシャルワーク・プラクティスを発展させた主な理論

「批判的で，熟考的でサービス利用者との仕事をするときには，インターベンションの小道がまっすぐなことはめったにない。それはねじれている。それはあっちへ行ったり，こっちへ来たりしている。したがって，結果は簡単に予測できない。実践の青写真はない。私たちにできる最善のことは，注意深さと好奇心と深い思いやりをもって旅行することである。そのときに，私たちは不確実な旅行をしているサービス利用者を伴い案内して，より意味のある，ストレスのない未来へと導いていくのである。」(The best we can do is travel with care, curiosity and compassion as we accompany and guide service users on uncertain journeys to more meaningful and stress-free futures.)

　この部分を参考にして，次項では事例風に「80代前半のアメリアとソーシャルワーカーのイモゲンとの関わり」として，事例風に相互の関わりの経過を書き出してみよう。ここでは"曲がった小道の実践"としての具体的関わりとして，相互関係が発展していく過程が，時間的経過に沿って記述されている。ところが，一般的な援助としては，"アルツハイマー型の認知症"と診断されている人に対する援助は，まさに，権威ある医師が診断した"診断名"が"事実"であり，"真実"であり，"正しい"と，まず"信じる"ことから始まる。その権威ある診断名に則り，将来予測される"症状"や"問題行動"が専門家によって"アセスメント"され，そのアセスメントにもとづいて，予め対処（treatment）方法とその"ケア・プラン（計画）"が，"専門家の判断"として作成されることになる。つまり，科学的で，効果的な"まっすぐな道"が，"専門家と称する援助者"によって，予め整備され，その道に沿って，実践（プラクティス）が行われることになる。
　ところが，"曲がった小道の実践"とは，あらかじめ専門家が"まっすぐな道"を敷くのではなく，この"おばあちゃん"の"訳のわからない話"や"つじつまのあわない反応"を，援助者は，"事実""真実"として，その場，

第5章　急進的・批判的・省察的ソーシャルワーク・プラクティス理論

その場で確かめながら，その道筋が，両者の相互の"関係"によってできていく（構築されていく）のである。その道は，"くねくねとまがった道"となるが，その道を，両者の"語らい"を通じて見出していく（再構築／構成）という過程となる。その具体的な両者のやり取りと，"曲がった小道ができていく実践過程"が，次項の事例中に書かれているのである。

　ただし，ここで注意しておかないければならないことは，"曲がった小道の実践"が"正しく"て，"まっすぐな道の実践"が"正しくない"ということで，事例が提示してあるのではないということである。"曲がった小道の実践"も，"まっすぐな道の実践"も，「一つのストーリー」であり，今回は，前者に焦点化して"実践事例"として提示してあるということである。ソーシャルワーク・プラクティス理論を学ぶ時には，ある理論だけを取り出して，それを"権威づけてしまう"ことには慎重でなければならない。

（4）80代前半のアメリアとソーシャルワーカーのイモゲンとの関わり

1）アメリアとボブの経緯

　アメリアはアルツハイマー型の認知症と診断され，公営住宅に一人で暮らしている。彼女は，従兄のボブからいくらかの支援を受けている。ボブは60代で，アメリアとは特に親密なわけではない。ボブには，自分の家族と子どもがいる。アメリアは，もはや一人暮らしはできない状態になっており，おそらく施設ケアが最も適切であるということが最初の申請理由であった。

2）ソーシャルワーカーのイモゲンの関わりの経過

1. ソーシャルワーカーのイモゲンは，関わり始めたとき，時間をかけ，注意深く「彼女の生活史を聴く」ことによってアメリアを理解しようとした。(The social worker – Imogen – began her involvement with a long, careful phase of trying to understand Amelia by listening to the story of her life.)

2. すると，彼女の現在の家が安心感の源であり，安全な場所であることがすぐに明らかとなった。(It soon became apparent that her current home was a source of comfort and a place of security.)
3. 物理的にだけでなく，心理的にもアメリアにとって，家のもつ意味は「最善の実践」の出発点でなければならない。(What home meant for America, not just physically but psychologically, had to be the starting point of any best practice.)
4. イモゲンがだんだん自分のことを理解してくれてきていることを感じ取って，アメリアは徐々にソーシャルワーカーと「信頼関係」をもつようになった。(Sensing Imogen's growing understanding, Amelia slowly began to develop a relationship of trust with the social worker.)

- アメリアにとって家と近隣が重要なことを「受け止めて」，イモゲンは徐々にコミュニティ基盤の支援が受けられるように交渉できるようになった。そのことでアメリアは自分の家にとどまれるであろうし，彼女はそうしたいと強く思っていた。(By accepting the importance of Amelia's home and neighbor-hood, Imogen was able to gradually negotiate community-based support options, which would enable Amelia to remain in her own home as she strongly wished to do.)。
- コミュニティ基盤の支援の選択肢のなかには，デイケア，ホームケア，高齢者団体によるボランティアの支援があった。(These included local day care, home care and the support of a volunteer from an organization for older people.)
- 特に印象的なことは，イモゲンが「個人の物語」に実際に注意を払うことによって発展させた理解のレベルである。アメリアは，以前に保健専門職者が「押しつけようとした」「ケアの解決策」の試みには疑問をもったが，今回の「注意深く発展させてきた信頼関係」のなかで，「自分自身の物語」から明らかにしてきた支援の選択肢

には疑いをもたなかった。(What is particularly impressive is the level of understanding which Imogen developed from really attending to an individual's story. Amelia was much less suspicious of support options which emerged from her own story, within a carefully developed relationship of trust than she was of previous attempts by health professionals to impose care solutions.)

5. イモゲンは，アメリアの認知症は進行しているので，事態は変化していくことを知っていた。しかし，彼女はアメリアのペースで進めていく準備もしていた。すなわち，彼女のニーズや状況の変化に対応して，絶えず協議，再協議ができるだけのアメリアとの関係を維持した。(Imogen knew that as Amelia's dementia progressed, things would have to change, but she was prepared to go at Amelia's pace. She maintained a relationship with Amelia that allowed for constant negotiation and re-negotiation as needs and context changed.)。

6. 幻覚をもちはじめる可能性のあるアメリアは，自宅ではますます不安を感じるようになってきているということが徐々に明らかになってきた。長い間，施設ケアに抵抗してきたのはアメリアであったし，最終的にはそこが最も安全な場所だということに合意したのもアメリアであった。(It gradually became apparent that Amelia, who was possibly beginning to hallucinate, was feeling less and less secure at home. It was Amelia, who for so long had resisted residential care, who eventually agreed it was the place where she now felt most safe.)

7. そして最終的には施設ケアへと移行したアメリアに寄り添い，彼女のペースに合わせ，彼女の変化する能力に対する気持ちを大切にしながら，ソーシャルワーカーは支援を受けない自立した状態から，支援を受けながらの自立への移行を，比較的にスムーズに，またきめ細かく進めた。(By staying with Amelia, moving at her pace and remaining in

touch with her feelings about her changing capacities, the social worker facilitate a relatively smooth and sensitive transition from independence with support, before the final move to residential care.)

この事例から見えてくるソーシャルワーク・プラクティス理論のエッセンスを，ハウは，大きく2点にまとめている（Howe 2009＝2011：242）。

1. 「イモゲンは「内的なアメリアの物語に入り込んだ」。そして，その結果として，彼女の実践は調和し，きめ細かく，効果的になった。ケース全体を導く単一の理論，政策，法律などというものはない。むしろ，イモゲンは『アメリアが体験している世界をそのままに理解する』ことで，それぞれのときに，さまざまな考え，支援，そして資源を利用できた。」（Imogen got inside Amelia's story and as a result her practice was attuned, sensitive and effective. There was no single theory, policy or piece of legislation guiding the overall case. Rather, having understood the world as experienced by Amelia, Imogen could draw on different ideas, supports and resources at different times.)

2. イモゲンは，発生するかもしれないリスクを思い悩まないようにした。その代わり，彼女は『アメリアの視点から世界を見る』ようにした。それゆえ，イモゲンは『保健や社会的ケアのマネージャーが表明したリスク』にではなく，『アメリアのニーズに即して対応した』。ソーシャルワーカーは，…（中略）…『アメリアの声を探し求め，それをアセスメントの中心に据えた』。…（中略）…これは，アセスメントを1回限りの行事とする考え方には抵抗するソーシャルワーカーなのである。それは実践に対して，不確実性と矛盾を知って無力感に陥ってしまうのではなく，『批判的な分析』に基づいて『思いやりある行動をする』ことを要求する。（Imogen resisted being drawn into

第5章 急進的・批判的・省察的ソーシャルワーク・プラクティス理論

worrying about the risks involved. Instead, she tried to see the world from Amelia's point of view. Imogen's responses were therefore shaped by Amelia's needs rather than the risks expressed by health and social care mangers. The social worker: ... sought out Amelia's voice and placed it at the center of the assessment... This is social work which resists the notion of assessment as a one-off event and engages imaginatively with complexity and change. It demands of practitioners the confidence not to be reduced to inaction by the recognition of uncertainty and contradiction, but to act compassionately on the bases of critical analysis.)

以上の事例から、イモゲンとの相互の関係に基づいたソーシャルワーカーの"曲がりくねった"関わりの過程がよく示されている。

資料5-1　心理療法の過程の7段階

第1段階（First Stage）
1. 自分について話したがらない。外的な事柄についてしか、コミュニケーションがなされない。(There is an unwillingness to communicate self. Communication is only about externals.)
2. 感情や個人的意味づけに自分が気づいておらず、またそれが自分のものになっていない。(Feeling and personal meanings are neither recognized nor owned.)
3. （ケリーの有用な言葉を借りれば）個人的構成概念は極端に固定的である。(Personal constructs (to borrow Kelly's helpful term (3)) are extremely rigid.)
4. 親密で隠し立てのない関係は危険だと感じられる。(Clos and communicative relationships are constructed as dangerous.)
5. この段階では問題を意識していない。(No problems are recognized or perceived at this stage.)
6. 変わりたいと思っていない。(There is no desire to change.)
7. 自分の内側でのコミュニケーションには多くの障害がある。(There is much blockage of internal communication.)

第2段階（Stage Two）
1. 自分とは無関係な話題に関して表現がなされ始める。(Expression begins flow in regard to non-self topics.)
2. 問題は自分の外部にあるとみなされる。(Problems are perceived as external to self.)
3. 問題に対して個人的な責任を感じていない。(There is no sense of responsibility in problems.)
4. 感情は自分のものでないものとして，またときには過去のものとして語られる。(Feelings are described as unowned, or sometimes as past objects.)
5. 感情が示されるかもしれないが，自分のものとはみなされていない。(Feelings may be exhibited, but are not recognized as such or owned.)
6. 体験過程は過去の構造に束縛されている。(Experiencing is bound by the structure of the past.)
7. 個人的構成概念は硬直しており，構成概念であるとは認識されておらず，事実と考えられている。(Personal structures are rigid, and unrecognized as being constructs, but are thought of as fact.)
8. 個人的な意味づけと感情の分化は非常に限定されていて大雑把である。(Differentiation of personal meanings and feelings is very limited and global.)
9. 矛盾を表現することがあるが，それをほとんど矛盾と意識していない。(Constructions may be expressed, but with little recognition of them as contradictions.)

第3段階（Stage Three）
1. 対象としての自己についてもっと自由に表現が流れ出ていくようになる。(There is a freer flow of expression about the self as an object.)
2. 自己に関連した体験を対象化し，それについて表現も行われる。(There is also expression about self-related experiences as objects.)
3. 内省の対象として，自己を語ることもある。しかし，その場合も他者について語る中で，自己に触れることが多い。(There is also expression about the self as a reflected objects, existing primarily in others.)
4. 今現在のものではないが，感情や個人的な意味についての表現や説明が多くなってくる。(There is much expression about or description of feelings and

第5章 急進的・批判的・省察的ソーシャルワーク・プラクティス理論

personal meanings not now present.)
5. 自分の感情はあまり受け入れられていない。感情の大部分は，何か恥ずかしいとか，悪い，異常なものとして，あるいはどうしても受け入れがたいものとして表現される。(There is very little acceptance of feelings. For the most part feelings are revealed as something shameful, bad, or abnormal, or unacceptable in other ways.)
6. 感情を表しており，しかもときには感情として意識されている。(Feelings are exhibited, and then sometimes recognized as feelings.)
7. 体験過程は過去のものとして，あるいは何か自己から隔たったものとして語られる。(Experiencing is described as in the past, or somewhat remote from the self.)
8. 個人的構成概念は硬直しているが，外的な事実としてではなく，構成概念として意識されることもある。(Personal constructs are rigid, but may be recognized as constructs, not external acts.)
9. 前の段階よりは感情と意味づけの分化が大雑把ではなくなり，わずかだがより鋭くなってくる。(Differentiation of feelings and meanings is slightly sharper, less global, than in the previous stages.)
10. 体験の中の矛盾を認める。(There is a recognition of contradictions in experience.)
11. 個人的な選択がしばしば役に立たないように思われている。(Personal choices are often seen as ineffective.)

第4段階 (Stage Four)
1. クライエントはさまざまなより強い感情を語るようになるが，それは今・ここのものではない。(The client describes more intense feelings of the "not-now-present" variety.)
2. 感情は現在の対象として語られる。(Feelings are described as objects in the present.)
3. 時折感情が現在のものとして表現される。ときにはそれは，クライエント自身の意思に反して，それを突き破るような形で出てくる。(Occasionally feelings are expressed as in the present, sometimes breaking through almost against the client's wishes.)
4. 今ここでの感情を体験することに向かう傾向があるが，そうなることに不信と

恐れを抱いている。(There is a tendency experiencing feelings in the immediate present, and there is distrust and fear of this responsibility.)
5. 感情がオープンに受容されることはほとんどないが，それでもいくらか受容が示される。(There is little open acceptance of feelings, through some acceptance is exhibited.)
6. 体験過程が過去の構造に絞られることはより少なくなる。体験過程との隔たりはより少なくなり，そして時にはほとんど遅れることなく生じることもある。(Experiencing is less bound by the structure of the past, is less remote, and may occasionally occur with little postponement.)
7. 体験が構成される仕方がよりゆるやかになる。個人的構成概念についていくつかの発見がある。それらが構成概念であるということがはっきり再認識されて，その妥当性が疑われ始める。(There is a loosening of the way experience is constructed. There are some discoveries of personal constructs; there is the definite recognition of these constructs; and there is a beginning questioning of their validity.)
8. 感情，構成概念，個人的な意味づけの分化が増大し，象徴化の正確さを求める傾向がそれとともに生まれてくる。(There is an increased differentiation of feelings, constructs, personal meanings, with some tendency toward seeking exactness of symbolization.)
9. 自己と体験の間の矛盾と不一致についての関心が示される。(There is a realization of concern about contradictions and incongruences between experience and self.)
10. 問題について，まだ確固としたものではないが，自己責任の感情が生じる。(There are feelings of self responsibility in problems, though such feelings vacillate.)
11. 親密な関係はまだ危険に感じられているが，クライアントはわずかながら自ら危険を冒して，感情のレベルで人にかかわっていこうとしている。(Though a close relationship still seems dangerous, the client risks himself, relating to some small extent on a feeling bases.)

第5段階（Stage Five）
1. 感情は現在のものとして自由に表現される。(Feelings are expressed freely as in the present.)

第 5 章　急進的・批判的・省察的ソーシャルワーク・プラクティス理論

2. 感情はほぼ十分に体験されている。クライエントが感情を十分に，かつ，ただちに体験するときに感じる恐れや不信の念にもかかわらず，感情が「泡立てて出てき」たり「にじみ出」たりする。(Feelings are very close to being fully experienced. They "bubble up," "seep through," in spite of fear and distrust which the client feels at experiencing them with fullness and immediacy.)
3. ある感情を体験することは，直接の照合体 (direct reference) にかかわることだとわかり始める。(There is a beginning tendency to realize that experiencing a feeling involves a direct referent.)
4. 「泡立ってくる」感情に対する驚きと恐れ，そしてまれに喜びがある。(There is surprise and fright, rarely pleasure, at the feelings which "bubble through.")
5. 自己感情が自分のものだという気持ちが強くなり，その感じでありたい，「本当の自分」でいたいという願望が増してくる。(There is an increasing ownership of self feelings, and a desire to be these, to be the "real me.")
6. 体験過程がゆるやかに解放されて，もはや体験過程との隔たりがなくなる。体験過程はしばしばほとんど遅れることなく生じる。(Experiencing is loosened, no longer remote, and frequently occurs with little postponement.)
7. 体験の構成のされ方がかなりゆるやかに解放される。個人的構成概念を構成概念として見ると多くの新鮮な発見がある。そして，それらを批判的に吟味し疑問視し始める。(The ways in which experience is constructed are much loosened. There are many fresh discoveries of personal constructs as constructs, and a critical examination and questioning of these.)
8. 感情と意味づけの分化が正確になっていく強い顕著な傾向がある。(There is a strong and evident tendency toward exactness in differentiation of feelings and meanings.)
9. 体験の中の矛盾と不一致にますますはっきり直面するようになる。(There is an increasingly clear facing of contradictions and incongruences in experience.)
10. 直面している問題に対する自己責任をますます受容するようになる。また自分がどのように貢献するかという関心が強くなってくる。(There is an increasing quality of acceptance of self-responsibility for the problems being faced, and a concern as to how he has contributed. There are increasingly freer dialogues within the self, an improvement in and reduced blockage of internal communication.)

第6段階（Stage Six）
1. 以前には「渋って」いて，過程という特質を失っていた感情が，今ではただちに体験される。（A feeling which has previously been "stuck," has been inhibited in its process quality, is experienced with immediacy now.）
2. 感情が最後まで十分に流れる。（A feeling flows to its full result.）
3. 今ここでの感情がただちに，そして豊かさを持って直接に体験される。（A present feeling is directly experienced with immediacy and richness.）
4. この体験過程の瞬時性と，その内容を構成する感情とが受容される。それはあるがままに受容される。否定したり恐れたり，それと戦ったりする必要はない。（This immediacy of experiencing, and the feeling with constitutes its content, are accepted. This is something which is, not something to be denied, feared, struggled against.）
5. それについて感じるのではなく，体験の中で主観的に生きているという特質が存在する。（There is a quality of living subjectively in the experience, not feeling about it.）
6. 対象としての自己は消えていく傾向にある。（Self as an object tends to be disappear.）
7. この段階では，体験過程は真に過程という特質を帯びてくる。（Experiencing, at his stage, takes on a real process quality.）
8. この段階のもう一つの特徴は，それに伴って生じる生理的解放である。（Another characteristic of this stage of process is the physiological loosening which accompanies it.）
9. この段階では，自分の内側のコミュニケーションが自由で，比較的妨げられていない。（In this stage, internal communication is free and relatively unblocked.）
10. 体験と意識との不一致は，それが一致に達して消失する際に生き生きと体験される。（The incongruence between experience and awareness is vividly experienced as it disappears into congruence.）
11. この，まさに進行中の体験しつつある瞬間に，それに関連ある個人的構成概念が消失して，クライエントはかつては固定されていた枠組みから解放されるのを感じる。（The relevant personal construct is dissolved in this experiencing moment, and the client feels cut loose from his previously stabilized framework.）
12. 十分に体験するその瞬間は，明瞭にして明白な照合体となる。（The moment of full experiencing becomes a clear and definite referent.）

13. 体験過程の分化が鮮明になり，基本的なものとなる。(Differentiation of experiencing is sharp and basic.)
14. この段階では，もう内側にも外側にも「問題」は存在しない。クライエントは自分の問題のある局面を主観的に生きている。それは対象ではない。(In this stage, there are no longer "problems," external or internal. The client is living, subjectively, a phase of his problem. It is not an object.)

第7段階（Stage Seven）
1. 心理療法の関係においても，また，その外でも，新しい感情が，ただちに，また豊かに詳細を伴って体験される。(New feelings are experienced with immediacy and richness of detail, both in the therapeutic relationship and outside.)
2. このような感情を体験することが明瞭な照合体として利用される。(The experiencing of such feelings is used as a clear referent.)
3. これらの変化しつつある感情を，受容的に所流するという感覚がますます大きくなり，また継続的なものになってくる。自分自身の過程に対する基本的な信頼がある。(There is a growing and continuing sense of acceptant ownership of these changing feelings, a basic trust in his own process.)
4. 体験過程は，その構造拘束的な側面をほぼ完全に失い，まさに過程という性質の体験になる。すなわち，状況は過去のものとしてではなく，その新しさにおいて体験され，解釈される。(Experiencing has lost almost completely its structure-bound aspects and becomes process experiencing－that is, the situation is experienced and interpreted in its newness, not as the past.)
5. 自己は次第に，ただ，今ここで体験していることの，主観的で反射的な気づきになる。自己は対象として認識されることがますます少なくなり，過程において信頼をもって感じられる何ものかであることがますます多くなる。(The self becomes increasingly simply the subjective and reflexive awareness of experiencing. The self is much less frequently a perceived object, and much more frequently something confidently felt in process.)
6. 個人的構成概念は，さらに今後の体験に照らして検証するために暫定的に再形成されるが，そのときもそれに固執はしない。(Personal constructs are tentatively reformulated, to be validated against further experience, but even then, to be held loosely.)

7. 自己の内側でのコミュニケーションが明瞭になる。感情とその象徴がぴったり符号して,新しい感情に対する新鮮な言葉が見出される。(Internal communication is clear, with feelings and symbols well matched, and fresh terms for new feelings.)
8. 新しいあり方を効果的に選択するということをまさに体験しつつある。(There is the experiencing of effective choice of new ways of being.)

出所:Rogers(1961 = 2005:124-148).

第6章 ソーシャルワーク・プラクティスを総合的に提示した理論

　ソーシャルワーク・プラクティスの理論を総合的に提示している主要な原著を，以下，検討しておこう。第3章で，「従来的」ソーシャルワーク理論と「急進的」ソーシャルワークの発展と，その後の「"新"構造的ソーシャルワーク」について述べた。第4章では，ソーシャルワーク・プラクティスの「社会構造」に対し，その「個別レベル」や「個別性」の考え方の「二面性」，つまり，その「構造的」であり「構成的」であるという「二面性」の統合について見てきた。第5章では，「モダン」な理論から，ソーシャルワーク・プラクティス理論における「ポストモダン」といわれる新たな理論の展開を見た。以上の章では，時代とその発展に則りながら，時代に沿って"縦断的"にソーシャルワーク・プラクティス理論を見てきたことになる。そこで，最後の第6章では，ソーシャルワーク・プラクティス理論を総合的に提示している主要な原著を取り上げ，各種理論を横にならべて，"横断的"に見てみよう。理論が総合的にまとめられていて，邦訳され，よく知られているものとして，ペイン（Paynen 1991），グリーン（Green 1999），そして，ターナー（Turner ed. 2011）の3つを選んで，その主なソーシャルワーク理論を横断的に見ることで，各種理論の比較ができるであろう。

　本章で理論を横断的に示す意義は，前述したがもう一度確認しておくと，ある理論が"すぐれていて"，他の理論が"劣っている"ことを示すためではなく，ソーシャルワーカーは，各種の理論を理解し，多様な技術を習得しておく必要がある。先の言葉を用いていえば，"曲がった小道の実践"が"正しく"て，"まっすぐな道の実践"が"正しくない"ということではない。

第Ⅱ部 ソーシャルワーク・プラクティスを発展させた主な理論

"曲がった小道の実践"も，"まっすぐな道の実践"も，重要な理論である。ソーシャルワーク・プラクティス理論を学ぶとき，ある理論だけを取り出し，それだけを"権威づけてしまう"ことに慎重でなければならない。

1　モダン・ソーシャルワーク理論

ペインは，1991年に『モダン・ソーシャルワーク理論（*Modern Social Work Theory: A Critical Introduction*）』を出版している。以下は，目次中のモデルと理論に関する項目である。

第1章　サイコ・ダイナミック・モデル（Psychodynamic Models）
第2章　危機介入と課題——中心・モデル（Crisis Intervention and Task-Centered Models）
第3章　行動モデル（Behavioural Models）
第4章　システムとエコロジカル・モデル（Systems and Ecological Models）
第5章　社会心理とコミュニケーション・モデル（Social Psychology and Communication Models）
第6章　ヒューマニストと実存モデル（Humanist and Existential Models）
第7章　認知モデル（Cognitive Models）
第8章　急進的・マルクス主義的アプローチ（Radical and Marxist approaches）
第9章　エンパワーメントとアドボカシー（Empowerment and Advocacy）

ペインは，その後，2005年に『モダン・ソーシャルワーク理論 第3版（(*3rd Edition*) *Modern Social Work Theory*)』を出版した。また，ペインがイギリス出身であり，そのヨーロッパから発信しているソーシャルワーク・プラクティス理論を展開しているのが特徴となっている。なお，第3版では

「ソーシャルワーク理論を振り返って」の中に第1版より,新たに,以下の2項目を付け加えている。

1. フェミニスト視点（Feminist Perspectives）
2. 反差別と文化的／民族的感受性（Anti-discrimination and Cultural and Ethnic Sensitivity）

2 人間行動理論とソーシャルワーク・プラクティス

グリーンは,1999年に『人間行動理論とソーシャルワーク・プラクティス 第2版（*Human Behavior Theory and Social Work Practice*（2nd Edition））』を出版している。以下は,その目次である。「従来的」モデルから「革新的」モデルの理論とともに,「ソーシャル・コンストラクション」「フェミニスト理論」「遺伝,環境,そして発達」という章が見られる。

第1章 人間行動理論・環境の中の人間,そしてソーシャルワーク・メソッド（Human Behavior Theory, Person-in-Environment, and Social Work Method）

第2章 人間行動理論と専門ソーシャルワーク・プラクティス（Human Behavior Theory and Professional Social Work Practice）

第3章 古典的精神分析学・現代発達論,そして臨床ソーシャルワーク（Classical Psychoanalytic Thought, Contemporary Developments, and Clinical Social Work）

第4章 エリクソン理論——発達的アプローチ（Eriksonian Theory: Developmental Approach）

第5章 カール・ロジャースと人中心アプローチ——ソーシャルワーク・アプローチの現在と未来（Carl Rogers and the Person-Centered approach: Social work Applications Now and for the Future)

第6章 ソーシャルワーク・プラクティスのための認知理論（Cognitive Theory for Social Work Practice）

第7章 一般システム理論（General Systems Theory）

第8章 生態学視点──ソーシャルワーク・プラクティスのためのエクレクティック理論枠組み（Ecological Perspective: An Eclectic Theoretical Framework for Social Work Practice）

第9章 ソーシャル・コンストラクション（Social Construction）

第10章 フェミニスト理論とソーシャルワーク・プラクティス（Feminist Theories and Social Work Practice）

第11章 遺伝・環境，そして発達（Genetics, Environment, and Development）

　グリーンの原著は，2006年に邦訳され『ソーシャルワークの基礎理論──人間行動と社会システム』として出版されている。そこから，一部を引用し，原文と邦訳を併記して示す。ここでは，「エコロジカル・アプローチ」と「構成主義・アプローチ」の2つを取り上げ，比較してみる。前者は，「構造主義的」で「モダン」を代表する理論であり，後者は，「構成主義的」で「ポストモダン」へと道づけていった主要な理論である。ソーシャルワーク・プラクティスにおいては，その方法と技術は異なったものになる。第5章で提示されている事例で使用されている言葉で述べると，前者は，"まっすぐな道の実践"理論であり，後者は，"曲がった小道の実践"理論であるといえよう。

（1）エコロジカル・アプローチ

　この本で取り上げられている「エコロジカル・アプローチ」のガイドラインは，以下の通りである（Green 1999＝2006：262）。このガイドラインは，「エコロジカル・ソーシャルワーク」の"理論"の説明ではなく，ソーシャ

ルワーカーがプラクティスをするにあたっての"考え方", "態度", 等を教えくれる貴重な項目となっている。

1. 個人と環境は,切り離せないものとして考える。(View the person and environment as inseparable.)
2. 援助過程においては,対等なパートナーである。(Be an equal partner in the helping process.)
3. クライエントの適応性に影響するシステムをすべてのレベルでアセスメントすることによって,人と環境との間における交互作用を考察する。高いレベルのストレスを引き起こす生活状況と変化をアセスメントする。(Examine transactions between the person and environment by assessing all levels of systems affecting a client's adaptiveness. Assess life situations and transitions that induce high stress levels.)
4. 肯定的関係と生活体験を通してクライエント個人のコンピテンスを高めるよう試みる。(Attempt to enhance a client's personal competence through positive relationships and life experiences.)
5. すべてのシステムレベルで,クライエントとその環境における対抗相補性に影響を及ぼす介入を捜し求める。(Seek interventions that affect the goodness-of-fit among a client and his or her environment at all systems levels.)
6. 互いに探し求めた解決策とクライエントのエンパワメントに焦点を当てる。(Focus on mutually sought solutions and client empowerment.)

(2) 構成主義アプローチ

次に,「構成主義・アプローチ」を取り上げる。以下は,社会構成主義のアプローチを採用するソーシャルワーカーのためのガイドライン(一般的ガイドライン・具体的ガイドライン)である (Green 1999=2006:394-395)。このガ

第Ⅱ部　ソーシャルワーク・プラクティスを発展させた主な理論

イドラインも,「構成主義アプローチ」の"理論"の説明ではなく,ソーシャルワーカーがプラクティスをするにあたっての"考え方""態度"等を教えくれる貴重な項目となっている。

一般的ガイドライン（General Guidelines）

1. ソーシャルワーカーは,それぞれのクライエントと,クライエントの人生における状況のユニークさを無条件に尊重する立場をとる。ソーシャルワーカーは,クライエントと自分たちは,自らが経験してきた歴史,肉体的特徴,毎日の生活で使う言語に埋め込まれた共有される意味などを反映した,各個人で異なる方法で場面に対応していくことを認識している。(The social worker takes a stance of unconditional respect for the uniqueness of each client and the context of the client's life. The social worker recognizes that both he or she and clients respond to situations in idiosyncratic ways that reflect their experiential history, biological propensities, and the community of shared meanings embedded in the language of their day-to-da life.)

2. ソーシャルワーカーは,クライエントが誰であるのか,問題は何か,クライエントにはどのような援助を提供するのか,といった面における自分自身がもっている先入観（個人的,理論的）を意識する努力を行い,それらをクライエントに押しつけないようにする。ソーシャルワーカーは,開かれた好奇心,関心ともいえる立場をとり,クライエントの人生に関するストーリーや問題を,クライエントが認識しているままに受け入れる。(The social worker makes an effort to be aware of his or her preconceived ideas (both personal and theoretical) about who the client is, what the problem is, and how the client should be helped, and refrains from imposing those ideas on the client. The social worker takes the stance of open curiosity and interest in the client's life narrative and the issue as perceived by

第6章 ソーシャルワーク・プラクティスを総合的に提示した理論

the client.)
3. ソーシャルワーカーは，治療のためのセッティングの構成と手順は，その仕事を行わせているコミュニティの価値観や信念を反映している点を認識する。(The social worker acknowledges that the context of the therapeutic setting by its very structure and procedures reflects the values and beliefs of the community sanctioning the work to be done.)
4. ソーシャルワーカーは，クライエントの個人的な現実を尊重し，クライエント自身の自我意識や，認識する世界の十全性を強化する手段として，その現実世界を維持することを尊重する。(The social worker respect the client's personal reality and the maintenance of this reality as a means of strengthening the integrity of his or her sense of self and the world as the client knows it.)
5. ソーシャルワーカーは，問題解決のためには共同理解，価値の共存，そして他の意味生成を行わねばならないということを理解している。ソーシャルワーカーは，不公正な，もしくは偏見に基づいた対人的，もしくは制度的活動を支持しない。もしそのような事態が発生している場合には，その悪状況を軽減するためには，ソーシャルワーカーは他の価値観を探そうとする。(The social worker appreciates that the issues will be resolved as a result of a collaborative understanding, shared meanings, and the generation of alternative meanings. The social worker does not support unjust and prejudicial interpersonal or institutional actions. In these instances, the social worker seeks alternative meanings to alleviate a negative condition.)
6. 治療には新しい情報が追加されるたびに変化していく，クライエント対ソーシャルワーカーの意味の交換が含まれる。意味は，このコミュニケーションンによって生まれる。対人関係の改善を行うには，他者の視点を取り入れる手助けをすることが重要である。(Therapy

involves an ongoing exchange of client-social worker meaning that shifts as new information is added. Meaning is generated through this communication. To help people with interpersonal functioning, it is important to assist them to take the perspective of the other person.)

7. ソーシャルワークの介入プロセスは，クライエントとソーシャルワーカーがこれまでとは別の意味を共有，理解，使用するのに助けとなる状況を提供する。クライエントが定義してきた問題は，これまでとは別の意味，ものの見方が生まれてくるにしたがって解決する場合がある。(The process of social work interventions is to provide a situation conclusive for alternative meanings to be shared, understood, and used by the client and the social worker. Client-defined problems can be resolved as alternative meanings or perspectives emerge.)

具体的ガイドライン(Specific Guidelines to Consider When Working with Clients)

1. クライエントの現状からスタートし，クライエントから離れないこと。クライエントと，クライエントの課題から目を離さず，また共同で進めていく作業に関しては，クライエントの現状を尊重すること。(Start where the person is and stay with the person. Always stay with the person and his or her agenda, respect where the person is in terms of the work you are doi ng together.)

2. 「わからない」という立場を維持すること。これはパラドックスではあるが，私たち自身の言語を通じ，個人的な人生経験に基づいて生まれてきた選択的注意や解釈の仕方を常に自分で意識し，警戒する。また，相手を見る私たちのレンズに組み込まれた，人間行動学や病理学の理論やモデルにも警戒を怠らないことも重要である。(Maintain a position of "not knowing." Although a paradox, it is significant to attempt to be self-aware and to be alert to our own selective attention and interpretations

第6章 ソーシャルワーク・プラクティスを総合的に提示した理論

based on our personal life experiences as created in our language. It is also important to be alert to the theories and models of human behavior and pathology we incorporate into the lens through which we view those with whom we work.)

3. 思い込まないこと。相手がいっていること,いいたいことを理解していると思い込まない。(Don't assume. Don't assume that you understand what a person is saying or meaning.)

4. 確認する。常に,相手の説明,理解,意図を聞くようにする。(Check it out. Always ask for the person's explanations, understanding, or meaning.)

5. ナラティブやストーリーをつくる。私たちは皆,自分自身や他人に対して説明できるよう,自分自身や自分の住む世界の姿に関するストーリーやナラティブをつくり上げるプロセスの途上なのである。私たちの人生と,その世界に関するストーリー,もしくはナラティブの中で意味が生まれる。これには,クライエントと対面しているソーシャルワーカーも含む。(Construct a narrative or story. We all are engaged in the process of constructing stories or narratives that explain ourselves and our worlds to ourselves and others. Meaning is created within these stories or narratives of our lives and the world we live in. This includes the social worker in the moment with the person with whom the practitioner is working.)

6. クライエントの心の中にある状況に対応する。内面の思考,感情,期待,動機づけに関して,今相手はどこにいるのか,という点は,時によって変わり,現在の外的状況を反映するものである。(Work with the client's internal context. Where the person is at the moment in terms of internal thoughts, emotions, expectations, and motivations, all of which are changing over time and reflect the present external context.)

7. クライエントの外的状況に対応する。これは,相手の人生の状況お

よびソーシャルワーカーが「環境」と呼ぶ，相手がこれまで生きてきた，そして現在生きている文脈を指し，それにはソーシャルワーカー自体，会社，社会方針と価値，経済要因までも含まれる。(Work with the client's external context. The circumstances of the person's life and what social workers refer to as their "environment" in which the person has lives and is living, including you the social worker, your agency, social policy and values, and economic factors.)

8. 新しい意味をつくり上げる。人間は，常に意味を築き上げようとし，また生きるというプロセスにかかわりながら「意味をつくり出そう」とするものである。私たちが考え，信じ，感情を経験し，行動するのは，この築かれた意味，あるいは意味創出プロセスという基盤の上に立ったことなのである。(Create new meaning. We human beings are always constructing meaning or "making meaning" out of our being engaged in the process of living. It is on the bases of these constructed meaning s or the meaning-making process that we think, believe, experience affect, and behave.)

9. クライエントに共同作業をさせる。共同作業によって，相手は平等な立場で参加することができる。（両方にとって）意義あるパートナーシップによる共同作業は，相手の人生を，相手の立場から高めることに意識を集中する。(Engage clients in collaboration. Collaboration engages others from a position of equality and joint participation in a meaningful (to both members) partnership focused on the enhancement of that person's life on the person's terms.)

3 ソーシャルワークの理論的アプローチ

ターナーは『ソーシャルワーク・トリートメント（*Social Work Treatment*）』として各種の理論的アプローチ（theoretical approach）をまとめ，時代ごとに

第6章 ソーシャルワーク・プラクティスを総合的に提示した理論

編集を重ね，第1版を1974年，第2版を1979年，第3版を1986年，第4版を1996年，そして，2011年に第5版を出版してきた。第5版に掲載された主な理論的アプローチは，下の通りである（Turner ed. 2011）。ターナーの本は，ソーシャルワーク理論の発展を見ていく上でも，重要な本である。初版が，ソーシャルワークの歴史上，「スペシフィック・ソーシャルワーク」理論の発展していた時代に出版されている。その後，ソーシャルワーク理論が，その発展とともに付け加えられたり，あるいは，その版から削除されたりしていて，その理論発展の経緯を見ていく上でも貴重な原著である。

第1章 アボリジナル理論——ファースト・ネーションズを癒すためのクリー・メディスン・ウィール・ガイド（Aboriginal Theory: A Cree Medicine Wheel Guide for Healing First Nations）

第2章 アタッチメントとソーシャルワーク・トリートメント（Attachment Theory and Social Work Treatment）

第3章 カオス理論とソーシャルワーク・トリートメント（Chaos Theory and Social Work Treatment）

第4章 クライエント中心理論——パーソン・センタード・アプローチの永久的原理（Client-Centered Theory: The Enduring Principles of a Person-Centered Approach）

第5章 認知行動理論とソーシャルワーク・トリートメント（Cognitive Behavior Theory and Social Work Treatment）

第6章 認知理論とソーシャルワーク・トリートメント（Cognitive Theory and Social Work Treatment）

第7章 コンストラクティビズム——ソーシャルワーク・トリートメントのための概念枠組み（Constructivism: A Conceptual Framework for Social Work Treatment）

第8章 危機理論とソーシャルワーク・トリートメント（Crisis Theory

第Ⅱ部 ソーシャルワーク・プラクティスを発展させた主な理論

and Social Work Treatment)
第9章 自我心理学とソーシャルワーク・トリートメント（Ego Psychology and Social Work Treatment）
第10章 ソーシャルワーク・プラクティス導入のためのエンパワメント・アプローチ（Empowerment Approach to Social Work Practice）
第11章 実存的ソーシャルワーク（Existential Social Work）
第12章 フェミニスト理論とソーシャルワーク・プラクティス（Feminist Theory and Social Work Practice）
第13章 機能的理論とソーシャルワーク・プラクティス（Functional Theory and Social Work Practice）
第14章 一般システム理論——ソーシャルワーク理論とプラクティスへの貢献（General Systems Theory: Contributions to Social Work Theory and Practice）
第15章 ゲシュタルト理論とソーシャルワーク・トリートメント（Gestalt Theory and Social Work Treatment）
第16章 催眠とソーシャルワーク・プラクティス——神経科学からの新しい視点との合体（Hypnosis and Social Work Practice: Incorporating New Perspectives from Neuroscience）
第17章 ソーシャルワーク・プラクティスのライフモデルにおける発展（Advance in the Life Model of Social Work Practice）
第18章 メディテーションとソーシャルワーク・プラクティス（Meditation and Social Work Practice）
第19章 ナラティブ理論とソーシャルワーク・トリートメント（Narrative Theory and Social Work Treatment）
第20章 ニューロ・リングィスティック・プログラム理論とソーシャルワーク・トリートメント（Neurolinguistic Programming Theory and Social Work Treatment）

第6章 ソーシャルワーク・プラクティスを総合的に提示した理論

第21章 オプレッション理論とソーシャルワーク・トリートメント
(Oppression Theory and Social Work Treatment)
第22章 ポストモダン・ソーシャルワーク (Postmodern Social Work)
第23章 問題解決とソーシャルワーク (Problem Solving and Social Work)
第24章 精神分析とソーシャルワーク——プラクティスのパートナーシップ (Psychoanalysis and Social Work: A Practice Partnership)
第25章 心理社会理論とソーシャルワーク・トリートメント (Psychosocial Theory and Social Work Treatment)
第26章 関係理論とソーシャルワーク・トリートメント (Relational Theory and Social Work Treatment)
第27章 役割理論とその概念のソーシャルワークにおける個人と社会変容への応用 (Role Theory and Concepts Applied to Personal and Social Change in Social Work)
第28章 セルフ・エフィカシー理論 (Self-Efficacy Theory)
第29章 社会的学習理論とソーシャルワーク・トリートメント (Social Learning Theory and Social Work Treatment)
第30章 ソーシャル・ネットワークとソーシャルワーク・プラクティス (Social Networks and Social Work Practice)
第31章 ソリューション-フォーカス理論 (Solution-Focused Theory)
第32章 ストレングス・パースペクティブのいくつかの基本的考え (Some Basic Ideas About the Strengths Perspective)
第33章 ストラテジック理論とソーシャルワーク・インターベンション (Strategic Therapy and Social Work Intervention)
第34章 課題-中心ソーシャルワーク (Task-Centered Social Work)
第35章 交流分析理論とソーシャルワーク・トリートメント (Transactional analysis Theory and Social Work Treatment)
第36章 トランスパーソナル・ソーシャルワーク——統合的モデル

第Ⅱ部　ソーシャルワーク・プラクティスを発展させた主な理論

(Transpersonal Social Work: An Integrative Model)

　以上36理論的アプローチの中から，以下の5つの理論を取り出し，その抜粋を以下に示した。先の第3章は，「従来的」ソーシャルワーク理論と「急進的」ソーシャルワークの発展，その後の「"新"構造的ソーシャルワーク」，第4章では，「構造的」であり，「構成的」であるという「二面性」の統合，第5章では，「モダン」な理論から「ポストモダン」といわれる新たな理論の展開を見た。この5つの理論を選んだのは，その"縦断的"な見方に対し，ここでは，この5つの理論を"横断的"に比較することで，その特徴がより鮮明に見えてくるからである。

（1）機能的理論とソーシャルワーク・プラクティス
1）2つの派の出現

　心理学の分野において，1920年代の偉大な2つの柱は，精神分析 (psychoanalysis) と行動主義 (behaviorism) であった。ソーシャルワークの分野において主な焦点はまた，個人の内面の問題であった。そして，行動主義，社会問題，あるいは社会変革に対しては比較的無関心であった。その代わり，精神分析的理論を取り入れ，専門家は，医学モデル (medical model) へ深く関わるようになった。診断派 (diagnostic school) と機能派 (functional school) と呼ばれた2つの派が精神分析的方法を支持し，応用していくとともに，専門職主義 (professionalism) への傾斜のペースを加速させていった。(Turner ed. 2011：228-229)

2）大きな分裂

　考え方の異なる2つの派を統合しようとして，アプテカー (Aptekar 1955) は，それぞれの基本的な主張の比較を，以下の通り提示した (Turner ed. 2011：351)。

第 6 章 ソーシャルワーク・プラクティスを総合的に提示した理論

診断派――フロイトの考え
　1. 行動を決定する要因（a determinant）としての無意識のこころ（unconscious mind）
　2. 感情（feeling）と態度（attitude）におけるアンビバレンス（ambivalence）
　3. 現在の行動を決定する要因としての過去の体験（past experience）
　4. 治療に必須な感情転移（transference）
　5. すべての援助（helping）において対処される要因となるこころの抵抗（resistance）

ケースワーク機能派によって導入され，上の表と対置させたランク派の主な概念は，以下の通りである。

機能派――ランクの考え
　1. パーソナリティの中の組織化する力（an organizing force）としての意志（the will）
　2. 自分を明確にするための（to differentiate himself）個人的ニードの一つの表現としての対抗‐意志（the counter-will）
　3. 治療的成長の一つの源としての現在の体験（present experience）
　4. 分離（separation）の重要性
　5. 人間がもつ固有の創造性（inherent creativity）

3）機能的ソーシャルワークによるトリートメント
スモーレイは，5つのジェネリック原則における機能派の成熟した主義をとらえ，その概略を示している（Turner ed. 2011：233）。

　1. ダイアグノシス（Diagnosis）は，エイジェンシー・サービス（agency

service）の利用と関連させるべきである。
2. ソーシャルワーク過程—開始，中間，終結—といった制限された時間（Time）は，クライエントの時間の使用に利用されなければならい。
3. 機関の機能（Agency function）が，ソーシャルワーク・プロセスに焦点，内容，方向を与え，社会による責任を付与し，そして，部分化（partialization），具体化（concreteness），区別化（differentiation）により性格づけていく過程において，クライエントと関わる。
4. 構造の意識的使用（Conscious use of structure）は，サービスの定義と範囲を定める申請書類，機関の方針，そして物理的立地といった無数の要件を用いることによって，ソーシャルワーク・プロセスの効果をより促進する。
5. すべての効果的ソーシャルワーク・プロセスは，関係（relationship）の中で行われる。その*関係*（the *relationship*）の目的は，クライエントが都合のよい選択（propitious choices）をするよう援助することである。

（2）クライエント中心理論／パーソン中心アプローチの永久的原理
1）トリートメント

クライエント中心療法（client-centered therapy）の基本目標は，一人の潜在的な能力のある個人の自己実現（self-actualization）のために，すでにある力（an already existing capacity）を解放する（release）ことであり，以下はこの概要である（Turner ed. 2011：65）。

1. 人（the individual）は，存在している状況のもとで，自分自身を導き（guide），調整し（regulate），方向づけ（direct），コントロールする力（the capacity）をもっている。
2. 人は，苦悩や不安をともなう人生において，それが何かを理解する潜在的力（the potential）をもっている。

3. 人は，苦悩や不安を取り除くだけでなく，自己実現（self-fulfillment）や幸福を経験する方法を自らが改善する（reorganize）潜在的力をもっている。

1957年，ロジャースは，治療において良い結果（a positive outcome）をもたらす必要で十分なことであると彼が信じることは，以下の要素を前提としている（Turner ed. 2011：65）。

1. 治療者は，関係において純粋に一致している。(The therapist is genuine and congruent in the relationship.)
2. 治療者は，クライエントに対して無条件に肯定的配慮を行うことを経験している。(The therapist experiences unconditional positive regard toward the client.)
3. 治療者は，クライエントの内的枠組みへの共感的理解を経験している。(The therapist experiences empathic understanding of the client's internal frame of reference.)
4. 治療者は，少なくともこのような状況に少しは気づいている。(The client perceives these conditions at least to a minimal degree.)

2）事　例

ブライアンは，自己評価（self-esteem）が低く，不安な感情で数年間，繰り返し悩んできたクライエントである。ブライアンによると，最近，これらのことが激しくなり，それがなぜだかわからないとのことである。以下は，このケースの面接例である（Turner ed. 2011：68）。

ブライアン：「今日はひどい日だ。他の人と比較して，劣っているようにいつも感じてきたけど，最近，もっとわるくなっているように思

うし，それがなぜだかわからない。」("Today has been an awful day. I have always felt like less of a person compared to everyone else, but recently it seems as though things have gotten worse and I don't know why.")

セラピスト：「あなたは，気分が良くないと感じていらっしゃるのですね。これはあなたにとって，非常にいやなときで，何がまちがっているか，確信がほとんど持てないと感じていらっしゃるのでしょうね。」("I understand that you feel bad. This is a very difficult time for you and I wonder if it feels a little scary to be unsure of what is wrong.")

ブライアン：「怖いよ，なぜって，自分がまるでわからなくなってしまうという感じがイヤなんだ。それと，時々，私がどんなことを感じているのか，わかってくれる人がまわりにいないと思うことがあるし，あるいは，私がこのように感じていることがただ間違っているだけと思ったりする。私が家族と十分に話さないということで，家族が怒っているという意味なんだけど，家族が私をわかってくれないのに，どのようにセラピストと向き合っていいのか。」("It is scary, because I don't like to feel as if I'm not in control of myself. Also, sometimes I feel like there is no one around me who understands how I fell, or they just think my feelings are wrong. I mean my family gets mad that I don't talk to them enough, but how can I open up to them when they won't understand me ?")

セラピスト：「最近，どうしようもなくなっているように思えるし，そして，ここから抜け出すために何をするかを理解してくれる人が，あなたのまわりにいないという感じがして，誰かとあなたの気持ちをわかちあう頃合いを見出すことができないんですね。」("Currently, thigs seem so overwhelming to you and you feel that you have no one in your personal life who understands what you're going through, so you can't see the point of sharing your feelings with them.")

ブライアン：「そうです。わかってくれないんです。おそらく，私は，問題を聞いてもらえるだけの価値がないんでしょう。」（"Yes, they just don't get it. Maybe I'm just not worth the trouble of listening to."）

セラピスト：「さて，あなたは聞くだけの価値があると，私は信じていますよ。あなたが面接に来てくれて，あなたの考えと気持ちをわかり合えたこと，それに，あなたにお会いできたことを感謝しています。あなたが，だれに，そしていつ話をしたらよいか，自分で決めていくことができるということも，私は信じています。」（"Well, I believe that you are worth listening to. I am glad to see you when you come for sessions and share your thoughts and feelings. I also believe that you are able to make your own decisions about who you want to speak to and when."）

3）解　説

　クライエント中心療法アプローチを用いて，セラピストによって指示（direction），判断（judgment），解釈（interpretation）をすることなく，ブライアンが何について，いつ話すかをブライアンが決めていく力を与えた。セラピストの無条件の肯定的配慮（unconditional positive regard），共感（empathy），そして一致（congruence）は，より気楽に心配することなくブライアン自身が表現していけるようにしている。これが，自己探索（self-exploration）と人間的成長（personal growth）のための多くの機会を彼に与えた。セラピストのブライアンへの信頼（confidence）は，彼が失いかけようとし，人間関係をより開こうと感じていた彼の生活にコントロールを取り戻させ，エンパワメントを与えた。

（3）一般システム理論──ソーシャルワーク理論とプラクティスへの寄与
1）定　義

　ソーシャルワーカーによって用いられるすべての理論的パラダイムの中で，GSTはおそらく現実をよく表現している。システム理論は，全体（a whole）を構成する要素（the elements）の間の相互関係（reciprocal relationship）を強調する概念を含んでいる。これらの概念はまた，個人，集団，組織，あるいは地域の間の関係，そして，環境の中の相互に影響しあう要素に焦点化する（NASW et al. 2003：428；Turner ed. 2011：243）。

2）システム理論の家族への応用

　システム理論は，ソーシャルワーク・トリートメントとして，特に，ゴール－オリエンテッド・プランニング・プロセス（a goal-oriented planning process）として用いられてきた。ピンカスとミナハンは，システム・モデルと組織化フレームワーク（an organizing framework）を開発した（Pincus & Minahan 1973）。家族単位（the family unit）の形態にかかわらず，家族は，社会化，安全，ある社会資源，ケア，そして保護の提供等を含んだ手段的（instrumental）であり表出的（expressive）な機能を家族メンバーに与える。ほとんどの場合，家族は生産（procreation）の源として寄与する。家族システムは，以下に示す前提となる，大きなコミュニティの下位システム（a subsystem）を意味する（Turner ed. 2011：246-247）。

　システム論の重要なポイントは，全体システムと下位システムとが，別々に切り離せないで，全体的に"均衡（ホメオスタシス）"があるということである。たとえば，「ある少女が学校に行かなくなった」という状況を考えるとき，その一つの原因，たとえば，「学校でのいじめ」といった理由を挙げるときがある。実際には，家族，学校，地域，あるいは本人の状況，あるいは不景気による父親の失業といった複雑に絡み合った原因，要因を考えなければならない。ソーシャルワーカーが一つだけの理由や原因を重視してしまうことがないよう，「システム理論」において，以下の項目を確認すること

が重要になる (Turner ed. 2011：247)。

1. 全体は，部分の合計より大きい。(The whole is greater than the sum of its parts.)
2. システムの一つの部分を変化させると，他の部分が変化する。(Changing one part of the system will lead to changes in other parts of the system.)
3. 家族は，時間とともに組織化され発展していく。生きている間，家族はいつも変化し，家族メンバーは異なった役割を担っていく。(Families become organized and developed over time. Families are always changing, and over the lifespan, family members assume different roles.)
4. 家族は，情報を受け，家族内お互いに，そして家族外の人々との情報を交換する一般的にオープン・システムである。(Families are generally open systems in that they receive information and exchange it with each other and with people outside the family. Families vary in their degree of openness and closedness, which can vary over time and according to circumstances.)
5. 一人の機能不全は，多くの場合，アクティブな感情システムを反映している。(Individual dysfunction often reflects an active emotional system. A symptom in one family member is often a way of deflecting tension away from another part of the system and hence represents a relationship problem.)

3) 要　約

現代の21世紀のカナダとアメリカ社会における個人，集団，家族，組織，そして地域の複雑な機能に関する特徴や広い視野を，GTSはソーシャルワーク理論や実践に与えてきた。このパラダイムは，埋め込まれたネットワーク構成要素の間に生じるダイナミックな網の目や相互関連を理解するた

めに貢献している (Turner ed. 2011 : 253)。

(4) コンストラクティビズム
——ソーシャルワーク・トリートメントのための概念的枠組み
1) アセスメントにとっての意義

ケース・アセスメント・プロセスは，人間行動—その因果関係—の理解に関する問題の結びつきに関わる。実証主義的因果関係による説明 (Positivist causal explanation) は，個人と行動全体の両方に起こるほとんどのことが，"外部 (external)" の特定の影響の直接の結果 (the direct result) であるということを前提とする。

臨床的な場面では，コンストラクティビストの基本的アプローチにおいては，基本的な前提とされることは，議論されている問題に関連するクライエントが言及する枠組み (the client's frame of reference；構成〔construction〕) である。これは，学んでいるのはプラクティショナーであり，教えているのはクライエントであると感じられているクライエントとプラクティショナーによる密接な協同 (collaboration) としてのプロセスの一つである (Turner ed. 2011 : 124)。

2) ダイアグノシスにとっての意義

たとえば，精神障害の診断と統計マニュアル (*Diagnostic and Statistical Manual of Mental Disorder*) によって代表されるアプローチにおいては，ケースのダイアグノシスの課題は，分類体系を用いるプラクティショナーとその技術によって，特定のクライエントの"症状"に適応させることである。クライエントの役割は，プラクティショナーの専門技術を受動的に受けることである。

問題の性質についての考え方を発展させていくコンストラクティビスト・ベースド・アプローチ (constructivist-based approach) は，日常的意味合い (its usual meaning) によって再定義されていくプラクティショナーの専門的

役割とともに,プラクティショナー——クライエントの協同 (collaboration) と相互関係性 (mutuality) を必要とすることを強調する。プラクティショナーの専門技術は,クライエントについては何も知らない (know nothing about the clients) という前提とともに,それぞれのケースにアプローチすることによって,クライエントとともに学ぶというスタンス (a learning stance with the client) を前提とする (Turner ed. 2011 : 124-125)。

3) トリートメントにとっての意義

より伝統的なプラクティス・アプローチにおいては,特に心理力動的アプローチ (psychodynamic) がそうであり,ケースの"本当の問題"(real problem) を明らかにする (uncover) ことが,プラクティショナーの必須の仕事であるとみられてきた。この"本当の問題"(real problem) という概念は,クライエントのある客観的な病理的／力動的 (an objective pathological/dynamic condition) なクライエントの状況があり,そして／あるいは,丁度,医師が悪性細胞を発見し,がんと診断するように,患者の苦痛や症状のそこにある"本当の"(real) 問題を,プラクティショナーの臨床技術を通して発見することができる状況にあるということを意味する。

コンストラクティビスト・ベースド・アプローチとトリートメントにおいては,クライエントによってわかっていない客観的結果によって隠されている問題があり,プラクティショナーがクライエントを援助することで発見できるという意味での"本当の"問題というのはないということが前提となる。

① 事　　例——ビネット

父親が家族にひどい暴力をふるったということで,子どもはその家族から切り離され,母親はシェルターに入るということになって,その家族は治療にやってきた。母親は,髪を振り乱し,スリッパを履いていて,数本の歯を失っているという状態でやってきた。父親は,大きな男で,はだしで,おそらく300ポンドはするであろうデニムを着て,下着は着ていないが前掛けで

覆った姿であり，部屋に入ってくるや怒鳴り始めた。父親は，貧乏であり，能無しの白人で，何者でもありえなかったし，他人から何をするかを教えられることもなかったが，彼なりのやり方で家族に向き合ってきたが，"町のバカども"("the fuckers downtown")によってつれてこられたという理由だけで，ここにいるのである。彼はまた，妙なことであるが，"黒人はきらいだ"("hated niggers")と叫んでいた。

その時のことを，アンダーソンは「鏡の後ろにいたすべての者は，本能的に椅子を後ろに引いた」と書いている。そのクリニックのコンサルタントであるハリエット・ロバーツだけが，ほんとうに誠心誠意でもって，彼が何を言っているのか，なぜ黒人を嫌いなのかを教えてほしいと言った（She got up, walked into the therapy session, calmly introduced herself and with apparently complete sincerity said she wanted to learn more about what he was saying and why he disliked blacks. (Turner ed. 2011：126))。ロバーツは，夫の母親や，そして妻が滞在していたシェルターのスタッフに来てもらい，児童保護機関とのコンサルテーションを行いながら，夫と妻に別々に，そして一緒に会いながら，治療を続けた（過去，いつもそうであったように，妻は夫と一緒に住むようになった）。漸次，彼が治療においてより人間的になっていくにつれて，外での彼の行動は改善していった。最初の面接後，彼は妻をたたくことをやめたし，子どもが家にもどってきた時も，子どもに対しても，2度とたたくようなことはなくなった（Turner ed. 2011：126-127)。

② 解　説

ここで適用されているソーシャルワーク・プラクティス原理は，コンストラクティビスト認識論（constructivist epistemology）からのもので——その当時は，セラピストに対し潜在的な危険があり，家族には危険であったことがわかっている——クライエントとともに学ぶ者の役割（the role of learner with the client）をセラピストの前提とするという事実にある。

（5）ポストモダン・ソーシャルワーク——モダニズムとポストモダニズム
1）ポストモダニズムとソーシャル・コンストラクティビズム

特に，ポストモダニストは，"私たちが生きている事実（the realities we live in）とは，私たちが関わっている（engaged in）会話から出てくること（outcomes of the conversation）である"というオープンな認識と価値観をとる立場から活動することを好む（Gergen 2009：4）。

この引用は，私の仕事の中心をなし，つまり，事実（realities）は複数（plural）であり（単数〔singular〕ではない），言語（language）は重要であり，関係（relationships）は私たちが生きている中心にあり，そして，人生は流動的（fluid）であるという理解が，解決の糸口となる考えを表現している。世界（the world）について私たちは，本当らしさ（verisimilitude）は何かを根拠にして理解しようとしている。この行為自身，真理（Truth）と呼ばれるある普遍性（universal）をとらえているというより，真理の姿（the appearance of truth）をとらえようとしているのである。これは不完全な理解（imperfect understandings）だが，私たちの生（our live）をナビゲートする地図になる。

2）ポストモダン・ソーシャルワークの生成的可能性とアプローチ

以下のポストモダン・ソーシャルワークのスタンス，あるいはアプローチは，ソーシャルワーカーが利用するいくつかの特別の機会となりえる特筆すべきものである。

① 二者択一の正当性

ポストモダン・ソーシャルワーク・パースペクティブでは，二者択一の見方（特に，クライエントを抱えているとき）は，ソーシャルワーカーが，そのような視点のある価値をもつかもたないかにかかわらず，正当な見方であると考えられている。このことは，すべての視点が規定され，ある与えられた状況において同じ価値観や力をもつということ示唆しているわけではない。しかしながら，このことは，すべての視点（viewpoints）が，視点として正当

であり，そのような視点を持つ人々は正当な視点の保持者として特典を与えられることになる。最初で，最大の利点は，そのクライエントがソーシャルワーク・インターベンションにおいて，一人の正当な参加者であり，関連する会話のパートナーとして尊敬されるということである（Turner ed. 2011：356）。

② 普遍性の欠如

ソーシャルワークにおけるポストモダンへの批判の一つは，より良い社会のビジョンを作り上げること，あるいは，社会正義や人権の普遍的理解ができなくなるということである。そのような理解は，ソーシャルワークにとって基本的なことなので，ソーシャルワークに二者択一を可能にするという重要な意義がある一方でポストモダニズムはプラクティスの基本を形づくるに十分なものではない（Turner ed. 2011：357）。

③ 押しつけない

ポストモダン・ソーシャルワーカーは，クライエントに対して，行動することを命令したり，故意に考えを押しつけたりすることをしない。このことは，権限の行使や裁判所命令に関するソーシャルワーク機能の遵守については，非常にむずかしいことに直面することになり，調和させることは不可能に思える（Turner ed. 2011：357）。

④ 個人とコミュニティがユニークである特典

ポストモダンのスタンスから，ソーシャルワーカーは，一般性（the generalities）より，もっているユニークネス（the uniquenesses）の方を好む。このことは，多くの場合，効率性という名目のもとに，広く実行することができる大きなスケールの理解を作り出すことを強調することと，対抗することになる。ポストモダンのスタンスは，人々を，いつも動いていて変化しているものと見ることを許すことである。このことは，クライエントは動いていて，変化し，自らが発見するもの（人々が変化していくよう望んでいるときの重要な要素）としてアプローチするソーシャルワーカーにとっての拠り所と

第 6 章　ソーシャルワーク・プラクティスを総合的に提示した理論

なる（Turner ed. 2011：355）。

　モダンを得て，ポストモダンとして，新たなソーシャルワークの理論の発展がみられる。専門家としてのソーシャルワーカーから一方的に，クライエントが援助を受けるものとしてだけではなく，1人の正当な参加者であり，会話のパートナーとしてとらえる。一つの視点からだけでなく，二者択一的に，普遍的なものから，普遍性を前提としない，そして，押しつけない，クライエントは変化し，自らが変化し，発見していくものと考えられるようになってきた。

引用・参考文献

国際ソーシャルワーク学校連盟・国際ソーシャルワーカー連盟・日本社会福祉教育学校連盟（2009）『ソーシャルワークの定義，ソーシャルワークの倫理――原理についての表明，ソーシャルワークの教育・養成に関する世界基準』相川書房。

Appleby, G. A., E. Colon & J. Hamilton (2007) *Diversity, Oppression, and Social Functioning : Person-in-Environment Assessment and Intervention* (2nd Edition), Pearson Education, Inc.

Aptekar, H. H. (1955) *The dynamics of casework and counseling.* Houghton Milflin.

Bartlett, H. M. (1970) *The Common Base of Social Work Practice.* National Association of Social Workers.（=1978，小松源助訳『社会福祉実践の共通基盤』ミネルヴァ書房）

Belsky, J. (1993) "The Etiology of Child Maltreatment : A Developmental-Ecological Analysis" *Psychological Bulletin* 114 (3), pp. 413-434.

Brinkerhoff, S. (2003) *Social Worker : Careers with Character,* Mason Crest Publishers.

Bronfrenbrenner, U. (1979) *The Ecology of Human Development,* Harvard University Press.

Bruun, M. (1991) "The power flower" from *Educating for a Change* by Rick Burke, Carl James, D'Arcy Martin, and Barb Thomas.

Caldwell, B. & R. Bradley (1979) *Home Observation for Measurement of the Environment,* University of Arkansas.

Chalk, R. & P. A. King (1998) *Violence in Families : Assessing Prevention and Treatment Programs,* National Academy Press.

Clement, W. (1984) "Canada's Social Structure : Capital, Labor, and the State" in Cross, M. C. & G. S. Kealey, *Modern Canada 1930-1980',* McClelland and Stewart, pp. 81-101.

Coulton, C., J. Korbin, M. Su & J. Chow (1995) "Community Level Factors and Child Maltreatment Rates" *Child Development* 66, pp. 1262-1276.

Council on Social Work Education (2008) "Purpose : Social Work Practice, Education, and Educational Policy and Accreditation Standards" *Educational Policy and Accreditation Standards.* (Copyright 2008, Council on Social Work Education, Inc. All rights reserved. Revised March 27, 2010.)

David, D. & V. Fisher (1991) *An Introduction to Constructivism for Social Workers.*, Praeger.

Davis, A. (2007) "Structural Approaches to Social Work" in Lishman, J. (ed.) *Handbook for Practice Learning in Social Work and Social Care*. Jessica Kingsley, pp 27-37.

Edgington, A., M. Hall & R. S. Rosser (1980) "Neglectful Families: Measurement of Treatment Outcomes" Paper presented at the Tri-Regional Workshop of Social Workers in Maternal and Child Health.

Firestone, M. (2002) *Social Workers*, Bridgestone Books.

Fisher, D. V. (1991) *An Introduction to Constructivism for Social Workers*, Praeger.

Fook, J. (2002) *Social Work: Critical Theory and Practice*, Sage.

Fook, J. (2007) "Reflective Practice and Critical Reflection" in Lishman, J. (ed.) *Handbook for Practice learning in Social Work and Social Care: Knowledge and Theory* (2nd Edition), Jessica Kingsley, pp 363-375.)

Friedlander, W. A. (1955) *Introduction to Social Welfare*, Prentice-Hall Sociology Series.

Gergen, K. J. (2009) *An invitation to social construction* (2nd Edition), Sage.

Germain, C. & A. Gitterman (1980) *The Life Model of Social Work Practice*, Columbia University Press.

Gitterman, A. (ed.) (2001) *Handbook of Social Work Practice with Vulnerable and Resilient Populations* (2nd Edition), Columbia University Press.

Gordon, H. (1988) *A Model of Prevention for HIH*, National Institutes of Health.

Gray, M. & S. A. Webb (eds.) (2013) *Social Work Theories and Methods* (2nd Edition), Sage.

Greene, R. R. (1999). *Human Behavior Theory and Social Work Practice* (2nd Edition), Aldine de Gruyter. (=2006, 三友雅夫・井上深幸監訳『ソーシャルワークの基礎理論——人間行動と社会システム』みらい)

Habermas, J. (1968) *Knowledge and Human Interests*, Heinemann.

Happala, D., J. Kinney & K. McDade (1988) *Referring Families to Intensive Home-Based Family Preservation Services: A Guide Book*, Federal Way, Behavioral Sciences Institute.

Healy, L. M. & R. J. Link (ed.) (2012). *Handbook of International Social Work: Human Rights, Development, and the Global Profession*, Oxford University Press.

Howe, D. (1992) *An Introduction to Social Work Theory: Making Sense in Practice*, Ashgate.

Howe, D. (2009) *A Brief Introduction to Social Work Theory*, Palgrave.（＝2011，杉本敏夫監訳『ソーシャルワーク理論入門』みらい）

Howing, P. T., J. S. Wodarski, J. M. Gaudin & P. D. Kurtz (1989) "Effective Interventions to Ameriorate the incidence of Child maltreatment : The Empirical Base" *Social Work* 34 (4), pp. 330-336.

Hutchison, E. (1990) "Child Maltreatment : Can It be Defined ?" *Social Service Review* 64 (1), pp. 60-78.

Kelly, J. A. (1983) *Treating Abusive Families : Intervention Based on Skills Training Principles*. Plenum.

Konopka, G. (1963) *Social Group Work : A Helping Process*, Prentice-Hall.

Lundy, C. (2004) *Social Work and Social Justice : A Structural Approach to Practice*, Broadview Press.

Lundy, C. (2011) *Social Work a, Social Justice, & Human Rights : A Structural Approach to Practice (2nd Edition)*, University of Toronto Press.

Lutzker, J. D. (1984) "Project 12 Ways : Measuring Outcomes of a large-in-Home Service for Treatment and Prevention of Child Abuse and Neglect" *Child Abuse and Neglect* 8 (4), pp. 519-524.

Meyer, C. H. (1970) *Social Work Practice : A Response to the Urban Crisis*, Free Press.

Meyer, C. H. (1976) *Social Work Practice : The Changing Landscape (2nd Edition)*, Free Press.

Milner, J. S. (1986) *The Child Abuse Potential Inventory (2nd Edition)*, Webster, Psytech.

Mullaly, B. (2007) *The New Structural Social Work (3rd Edition)*, Oxford University Press.

Mullaly, R. (2003) *Structural Social Work : Ideology, Theory and Practice (2nd Edition)*, Oxford University Press.

the NASW Task Force on Sector Force Classification (1981) *NASW Standards for the Classification of Social Work Practice*, Policy statement.

National Association of Social Workers, Barke, R. L. (ed.) (2003) *The social work dictionary (5th Edition)*, NASW Press.

Oktay, J. S. (2012) *Grounded Theory : Pocket Guides to Social Work Research Methods*, Oxford University Press.

Payne, M. (1991) *Modern Social Work Theory : A Critical Introduction*, The McMillan Press.

Payne, M. (2005) *Modern Social Work Theory* (*3rd Edition*), Palgrave Macmillan.
Perlman, H. H. (1957) *Social Casework : A Problem-Solving Process*, University of Chicago Press.
Pincus, A. & A. Minahan (1973) *Social Work Practice : Model and Method*, Itasca, F. E. Peacock.
Polansky, N., M. A. Chalmers, E. Buttenwieser & D. P. Williams (1981) *Damaged Parents*, University of Chicago Press.
Price, R. H., E. L. Cowan, R. P. Lorion & Ramos-Kaye (1989) "The Search for Effective Prevention Programs : What We Have Learned Along the Way" *American Journal of Orthopsychiatry* 59 (1), pp. 49-58.
Richmond, M. E. (1917) *Social Diagnosis*, Russell Sage Foundation.
Richmond, M. E. (1922) *What is Social Case Work ?*, Russell Sage Foundation.
Robert, R. W. & R. H. Nee (ed.) (1970) *Theories of Social Casework*, The University of Chicago Press.
Rogers, C. R. (1961) *On Becoming a Person : A Therapist's View of Psychotherapy*, Houghton Mifflin Company. (=2005, 諸富祥一・末武康弘・保坂亨訳『ロジャースが語る自己実現の道』岩崎学術出版社)
Ross, M. G. (1955) *Community Organization : Theory and Principles*, Harper & Row, Publisher.
Saleeby, D. (1991) "The Strengths Perspective in Social Work Practice : Extensions and Cautions" *Social Work* 41 (3), pp. 296-305.
Sheafor, B. W. & C. R. Horejsi (2003) *Techniques and Guidelines for Social Work Practice* (*6th Edition*), Pearson Education, Inc.
Sheppard, M. (2007) "Assessment : from reflexivity to process knowledge" in Lishman, J. (ed.) *Handbook for Practice learning in Social Work and Social Care*. Jessica Kingsley, pp 128-137.
Schön, D. A. (1983) *The Reflective Practitioner : How Professionals Think in Action*, Basic Books. (=2007, 柳沢昌一・三輪健二監訳『省察的実践とは何か——プロフェッショナルの行為と思考』鳳書房)
Smalley, R. E. (1967) *Theory for Social Work Practice*, Columbia University Press.
Turner, F. J. (ed.) (2011)*Social Work Treatment : Interlocking Theoretical Approaches* (*5th Edition*), Oxford University Press.
Weiss, H. (1989) "State Family Support and Education Programs : Lessons From the Pioneers" *American Journal of Orthopsychiatry* 59 (1), pp. 32-48.

Widom, C. S. (1992) "Factors that Affect the Long-Term Sequelae of Child Maltreatment" *American Journal of Orthopsychiatry* 62 (2), pp. 166-177.

Zigler, E. & K. B. Black (1989) "America's Family Support Movement: Strengths and Limitations" *American Journal of Orthopsychiatry* 59 (1), pp. 6-19.

索　引

あ　行

アセスメント　51
アタッチメント理論　143
アドボケーター　53
アドボケート　51
アドミニストレーター　53
アボリジナル理論　193
アンチ・レイシスト　64
医学的アプローチ　73
移住　64
一致　201
一般システム理論　107, 186
一般性　208
一般的予防　76
一般の人々　154
イデオロギー　111
因果関係　104, 106
インターベンション　50
　　──・アプローチ　94
インフォームドコンセント　86
ウエルビーイング　8, 9, 143
エイブリズム　61
エコシステム　107
エコロジカル・アプローチ　186
エコロジカルモデル　→生態学モデル
エスニック・アイデンティティ・ディベロップメント　60
エスニック・コンフリクト　64
エネイブリング　51
エバリュエーション　52

エピステモロジー　102
エンパワメント　8
大きな物語　151
大きな理論　151
親-子ども相互関係　74
親としての技能訓練　95
親になるための技術　95
オントロジー　102

か　行

階級　36, 111
外在的リアリティ　102
下位システム　202
解体　168
介入　57
回復力　68
乖離　49
カウンセラー　53
カウンセリング　51
カオス理論　193
科学　104, 105
　　──的研究　56
家族　38
　　──インターベンション　81
　　──システム　74
　　──療法　81, 98
価値　14, 48
家庭裁判所裁判官　89
家庭内暴力　83
家庭訪問プログラム　81
カラード・ウーマン　70

カリキュラム　16
環境危険度尺度　81
環境正義　39
関係理論　195
感情　197
　——的虐待　72
　——的ネグレクト　72
　——転移　197
危機介入　184
危機に瀕している　19
危険性　74
犠牲者　110
　——非難　113
機能　51
　——的アプローチ　98
　——的理論　194
　——不全　203
虐待　81
客観主義　104
急進的ソーシャルワーク・プラクティス理論　144, 146
教育システム　111
教育的ネグレクト　72
教育プログラム　56
共感　162, 201
共通基盤（ソーシャルワークの）　46
協働化　119
共同体　38
均衡　202
近隣中心プログラム　96
クライエント　41
　——中心療法　198
　——の防衛　119
グラウンデッド・セオリー　102
クリニシャン　53
グループ・アプローチ　81

グローバル・メンタル・ヘルス　64
グローバルアジェンダ　7
グローバルスタンダード　i, 7
経済正義　39
契約過程　86
ケース・マネージャー　53
ゲシュタルト理論　194
限定的社会改革　112
原理　48
権力　153, 154
コア・カテゴリー　102
コア・カリキュラム　21
貢献　55, 138
交渉　51
構成主義　104
　——アプローチ　187
構造的　116
　——条件　18, 19
　——障壁　35
　——ソーシャルワーク・プラクティス　116
構造の意識的使用　198
公的給付　3
行動規約（ソーシャルワーカーの倫理綱領）　14
行動変容　54, 98, 107
交流分析理論　195
コーディネーション　52
国際社会福祉協議会　29
国際ソーシャルワーカー連盟　29
国際ソーシャルワーク学校連盟　29
国際的（視点）　ii
国際連合憲章　11
国民　ii
個人サポートプログラム　78
個人的な物語　151

索　引

個人変革　107, 112
子どもの発達　95
個別的レベル（の援助）　116
個別のセッション　92
コミュニティ　17
　　——・オーガニゼーション　41
　　——・バイオレンス　64
　　——・ベースド・ソーシャル・サポート・プログラム　78
　　——・リスク・ファクター　74
　　——・ワーク　44
　　——開発　96
固有の創造性　197
コンサルテーション　52
コンストラクティビスト　102
コンピテンス　141
根本的社会変革　112

さ　行

再帰性　104, 106
サイコ・ダイナミック・モデル　184
再構築　168, 169
最初の両者の同意　136
再発・発症予防　77
再発・発症予防プログラム　80
催眠　194
搾取　35, 125
里親　70
サービス　138
　　——期間の長さ　86
　　——契約　136
差別　35, 111, 125
　　——事由　21
ジェンダー　36
自我心理学　194
自己一致　162

自己実現　198, 199
自己探索　201
自己評価　199
支持　51
　　——的サービス　81
システム理論　202
慈善　66
事前承認　86
実証主義的因果関係　204
実践　34
　　——に裏づけられたリサーチ　57
実存モデル　184
児童虐待　64
　　——可能性表　81
児童ネグレクト程度尺度　81
児童保護ワーカー　130
児童労働　64
支配グループ　111
支配的な"言説"　154
支配的な考え　154
支配的なグループ　154
支配的な言説　151
支配的な専門家　154
支配的な知識　154
支配的な話　154
支配的な人々　154
資本主義　112
社会化　95
社会開発　32
社会学的アプローチ　73
社会過程　110
社会関係　110
社会技能訓練　78
社会構造　110, 123
社会参加　17
　　——への壁　19

219

社会実践　110
社会正義　ii, 8, 39, 55, 138
社会政策　50
社会制度　110, 123
社会的アイデンティティ・ディベロップメント　60
社会的学習理論　195
社会的結束　32, 37
社会的弱者　18
社会的事由　128
社会的状況　111
社会的調和　18
社会的に排除されている人々　19
社会的排除　125
社会的包摂　37
社会の周辺に追いやられている人々　19
社会の性格　148
社会の中の人々の周縁化　38
社会の中の人々の排除　38
社会の中の人々の抑圧　38
社会の弁証的理解　123
社会変革　32, 107
　——的視点　111
社会保険　3
社会保障　3
宗教　36
自由市場礼賛　113
従属グループ　111
周辺（社会の）　17
主権　ii
障害　36
障害学　iii
障害者　iii
小集団　38
初期的予防　54
助言　51

人権　ii, 8, 9, 39, 56
新構造主義　116
真実性　162
人種　36, 111
人身売買　64
身体的ネグレクト　72
心的外傷体験　69
真理　104, 105, 207
心理社会的アプローチ　98
心理力動的アプローチ　205
スーパービジョン　52
スキル・ベースド・プログラム　81
スタッフ・ディベロッパー　53
スタッフ・ディベロップメント　52
スタンダード・オブ・リビング　124
ステレオタイプ　123
ストラテジック理論　195
ストリート・チルドレン　64
ストレス・マネジメント　79
ストレングス・パースペクティブ　143, 195
ストレングス視点　107
生活状況　96
生活スケール　81
生活モデル　69, 96, 107
脆弱性　74
精神分析的理論　143
精神力動　107
生態学的アプローチ　73
生態学モデル　69, 96
性的虐待　72, 81
性的指向　36
「世界人権宣言」　10
セルフ・エフィカシー理論　195
潜在的力　198
先住民　10, 64

索　引

選択的予防　76
専門価値・倫理　59
専門実践　ii
専門職　34
　　──基準　15
　　──教育・訓練　59
専門の力量　141
専門の介入技術　130
専門力量　56
相互関係　202
相対主義　102
ソーシャル・グループ・ワーク　41
ソーシャル・ケースワーク　41,98
ソーシャル・コンストラクション　186
ソーシャル・チェンジ・エージェント　53
ソーシャル・トリートメント　54
ソーシャル・ネットワーク　195
ソーシャルウエルフェア　2
ソーシャルセキュリティ　2
ソーシャルワーカー　ii,41
　司法──　6
　就労──　7
　精神保健──　6
　臨床──　6
ソーシャルワーク　2
　　──・アドミニストレーター　7
　　──・スーパービジョン体制　86
　　──・トリートメント　195
　　──・プラクティス　ii,46
　　──・プロフェッション　9
　　──の定義　7
　　──の倫理　7
　革新的──　106,107
　課題-中心──　195
　慣例的──　112
　急進的──　107

構造的──　107,117,118
実存的──　194
従来的──　106,107
トランスパーソナル・──　195
反人種主義的──　107
反抑圧的──　107
批判的──　148
批判的ポストモダン──　107
フェミニスト──　107
マルクス主義──　107
組織化　51
組織的な勢力　113
ソリューション・フォーカスド・アプローチ　143
ソリューション-フォーカス理論　195

た　行

ダイアグノシス　51,197
退役軍人　65
対応力　50,68
対抗-意志　197
態度　197
他者に対する尊敬　162
他者への肯定的な関心　162
多様性　16,59
短期療法　98
地域健康センター　130
力のない（人々）　67
地球的（視点）　ii
知識　49,104,105,111
チャイルド・ケア　80
中・小理論　151
中核的条件　162
中心的カリキュラム　56
チューニング・イン　133
直接サービス役割　130

伝統的ソーシャルワーク・プラクティス理論
　144
特定予防　76, 79
ドミナント・ストーリー　151
ドミナントな秩序　113

な　行

内在化　123
ナラティブ理論　194
難民　64
ニード・資源充足化　119
二分割性　130
ニューロ・リングィスティック・プログラム
　理論　194
二律背反　111
人間関係の重視　56, 140
人間所有　9
人間的成長　201
人間の価値　139
人間の尊厳　ⅱ, 8, 39, 55, 139
人間の福利　8, 9
認知構成技術　93
ネグレクト　64, 81

は　行

排除　17
パーソン・センタード・アプローチ　143
バルナラビリティ　69
反抑圧アプローチ　113
非公式な援助者　84
否定的メッセージ　123
ひとり親　70
批判的社会理論　148
批判的ソーシャルワーク・プラクティス理論
　146, 147
批判的分析　149
　——を行う主体　165
　——をされる対象　165
批判的ベスト・プラクティス　143
批判的ポストモダン理論　112
批判的理論家　148
批判分析　151
秘密保持　132
ヒューマン・サービス　94
貧困状態の人々　19
ファミリー・フォーカスド・アセスメント
　82
フーコー, M.　150
フェミニスト視点　185
複合する社会要因　126
福祉依存　113
福祉サービス　3
不正義　19, 71
物理的虐待　71
不平等　17, 19, 35
プラクティス　45
　——・エバリュエーション　54
　——原則　118
プラグマティスト　102
プランニング　52
フリードランダー, W.　2
ブローカー　53
プロテクティブ・ファクター　75
文化　36
文化的リスク・ファクター　75
文化保存　64
分析の段階　168
分離　197
変化の段階　169
包括的支援システム　86
補完的カリキュラム　56
保健サービス　3

索　引

ポジティビスト　102
ポスト・モダン　150
ホメオスタシス　202
ポリシー・アドボカシー　52
ポリシー・アナリシス　52
ポリシー・ディベロップメント　52

ま　行

曲がった小道の実践　169
マスコミ　154
ミッション・ステートメント　15
民主社会主義　112
無条件の肯定的配慮　201
メソドロジー　102
メディテーション　194
目的の構造化　85
目的の明確化　85
モダニスト批判的社会理論　112
モダニティ　152
問題解決　107
　　──能力　19
　　──モデル　98
門地　11

や　行

薬物依存　83
役割理論　195
優勢な集団から個々人の"言説"　151
ユートピア思想　151
ユニークネス　208

養護施設　89
抑圧　35
　　──的要因　123
　　──の手段　111
予防モデル　77

ら・わ行

ライフモデル　→生活モデル
リアリティ　102
リサーチに裏づけられた実践　57
リスク・ファクター　74
リフレクシビティ　165
リレーションシップ・ベースド・ソーシャルワーク　143
リンケージ　53
倫理基準　14
倫理原則　14
倫理的プラクティス　117
レイシズム　64
レジリエンス　68
レビューイング　52
ワークロード・マネージャー　53

欧　文

AIDS　64
HIV　64
IASSW　→国際ソーシャルワーク学校連盟
ICSW　→国際社会福祉協議会
IFSW　→国際ソーシャルワーカー連盟
SARS　64

著者紹介

北島英治（きたじま・えいじ）

1985年　The University of British Columbia (Vancouver, Canada), School of Social Work (M.S.W.)
1990年　The University of Washington (Seattle, U.S.A.), School of Social Work (Ph.D.)
1995年　東海大学健康科学部社会福祉学科助教授に就任
2011年　日本社会事業大学教授に就任
現　在　日本社会事業大学大学院特任教授
主　著　『ソーシャルワーク・入門』（共著）有斐閣，2000年。
　　　　『ソーシャルワーク実践の基礎理論』（共著）有斐閣，2002年。
　　　　『ソーシャルワーク論』ミネルヴァ書房，2008年。
　　　　『ダイレクト・ソーシャルワークハンドブック――対人支援の理論と技術』（共監訳）明石書店，2015年。
　　　　『ソーシャルワーク・スーパービジョン論』（共著），中央法規出版，2015年。

　　　　　　　　　　グローバルスタンダードにもとづく
　　　　　　　　　ソーシャルワーク・プラクティス
　　　　　　　　　　　　――価値と理論――

2016年11月20日　初版第1刷発行　　　　〈検印省略〉

定価はカバーに
表示しています

著　者　　北　島　英　治
発行者　　杉　田　啓　三
印刷者　　坂　本　喜　杏

発行所　株式会社　ミネルヴァ書房
607-8494　京都市山科区日ノ岡堤谷町1
電話代表　(075)581-5191
振替口座　01020-0-8076

© 北島英治, 2016　　　冨山房インターナショナル・清水製本

ISBN 978-4-623-07776-2
Printed in Japan

ソーシャルワーク論

北島英治 著
A5判／194頁／本体 2600円

ジェネラリスト・ソーシャルワークにもとづく社会福祉のスーパービジョン

山辺朗子 編著
A5判／224頁／本体 2500円

福祉職員研修ハンドブック

津田耕一 著
A5判／198頁／本体 2000円

福祉現場 OJT ハンドブック

津田耕一 著
A5判／258頁／本体 2800円

社会福祉実践における主体性を尊重した対等な関わりは可能か

児島亜紀子 編著
A5判／288頁／本体 5000円

ミネルヴァ書房
http://www.minervashobo.co.jp/